박시백의 조선왕조실록

7

연산군일기

일러두기
2024 어진 에디션은 정사 《조선왕조실록》을 바탕으로 한 이 책의 특징을 드러내고자
어진과 공신화에서 모티브를 얻어 박시백 화백이 새롭게 표지화를 그렸다. (표지화 인물: 연산군)

박시백의
조선왕조실록

The Veritable Records of
the Joseon Dynasty
7
The Daily Records of
Yeonsangun

연산군일기

Humanist

머리말

　외환위기가 한창이던 때였다. 어쩌다가 사극을 재미있게 보게 되었는데 역사와 관련한 지식이 너무도 부족한 자신을 발견하게 되었다. 그도 그럴 것이 젊은 날에 본 역사서는 근현대사가 대부분이었고, 조선사에 대한 지식이라고는 중·고교 시절에 학교에서 배운 단편적인 것들이 거의 전부였다. 당시 나는 신문사에서 시사만화를 그리고 있었다. 다행히 신문사에는 조그만 도서실이 있었는데, 틈틈이 그곳에서 난생처음 조선사에 대한 여러 책을 접할 수 있었다.

　조선사, 특히 정치사는 흥미진진했다. 거기에는 우리에게 익숙한 수많은 역사적 인물의 신념과 투쟁, 실패와 성공의 이야기가 있었고, 《삼국지》나 《초한지》 등에서 만나는 극적인 드라마와 무릎을 치게 하는 탁월한 처세가 있었다. 만화로 그리면 재미있겠다는 생각이 들었다. 몇 권 더 구해 읽다 보니 한 가지 궁금증이 생겼다. 어디까지가 정사에 기록된 것이고 어느 부분이 야사에 소개된 이야기인지가 모호했다. 이 대목에서 결심이 섰던 것 같다. 조선 정치사를 만화로 그리자, 그것도 철저히 《실록》에 기록된 정사를 바탕으로 그리자.

　곧이어 다니던 신문사를 그만두고 《국역 조선왕조실록 CD-ROM》을 구입했다. 돌이켜보면 참 무모한 결심이었다. 특정한 출판사와 계약한 것도 아니고, 《실록》의 한 쪽도 직접 본 적 없는 상태에서 작업에 전념한다는 미명 아래 회사부터 그만두었으니. 내 구상만 듣고 아무 대책 없는 결정에 동의해준 아내에게도 뭔가가 씌웠던 모양이다. 궁궐을 찾아 사진을 찍고 화보자료를 찾아 헌책방을 기웃거렸다. 1권에 해당하는 부분을 공부한 뒤 콘티를 짜기 시작했다. 동네를 산책하면서도 머릿속에서는 항상 그 시대의 인물들이 이야기를 주고받고 다투곤 했다. 어쩌다 어떤 인물의 행동이 새롭게 이해되기라도 하면 뛸 듯이 기뻤다.

마침내 펜션을 입히면서 수십 장이 쌓인 뒤 처음부터 읽어보면 이게 아닌데 싶어 폐기하기를 서너 번, 그러다 보니 어느새 1년이 후딱 지나가버렸다. 아무런 결과물도 없이 1년이 흘렀다고 생각하니 슬슬 걱정이 차오르기 시작했다. 이러다간 안 되겠다 싶어 100여 장의 견본을 만들어 무작정 출판사를 찾아가기로 했다. 그렇게 견본을 만든 후 몇 군데에서의 퇴짜는 각오하고 출판사를 찾아가려던 차에 동료 시사만화가의 소개로 휴머니스트를 만나게 되었고, 덕분에 다른 출판사들을 찾아가지는 않아도 되었다.

이 만화를 그리며 염두에 둔 나름의 원칙이 있다면 이랬다.
첫째, 정치사를 위주로 하면서 주요 사건과 해당 사건에 관련된 핵심 인물들의 생각과 처신을 중심으로 그린다.
둘째, 《실록》의 기록을 바탕으로 하면서 학계의 최근 연구 성과를 적극 고려하고 필자 스스로도 적극적으로 해석에 개입한다.
셋째, 성인 독자들을 주된 대상으로 삼되, 청소년들과 역사에 관심이 남다른 어린이들이 보아도 무방하게 그린다.

흔쾌히 출판을 결정해준 휴머니스트 김학원 대표와 책이 나오는 데 애써준 휴머니스트 식구들에게 감사드린다. 그리고 언제나 곁에서 응원해주고 적절히 비판해주는 아내와 사랑하는 두 딸! 고맙다.

2003년 6월

세계기록유산은 모두의 것이며,
모두를 위해 온전히 보존되고 보호되어야 하며,
문화적 관습과 실용성을 충분히 인식하여
모든 사람이 장애 없이 영구적으로 접근할 수 있어야 합니다.

The world's documentary heritage belongs to all,
should be fully preserved and protected for all and,
with due recognition of cultural mores and practicalities,
should be permanently accessible to all without hindrance.

―〈유네스코 '세계의 기억' 프로그램의 목표〉 중에서

대한민국 국보 제151호
유네스코 세계기록유산
조선왕조실록

진실성과 신빙성을 갖추고
25대 군주, 472년간의 역사를 6,400만 자에 담은
세계에서 가장 장구하고 방대한 세계기록유산.
세계인이 기억해야 할 위대한 유산
《조선왕조실록》의 세계로 초대합니다.

차례

머리말 4
등장인물 소개 10

제1장 대간 권력 vs 연산

경험의 정치 14
연산의 경험 22
강경한 연산 29
더 강경한 대간 37

제2장 무오사화와 왕권의 회복

무오 이전의 연산 52
유자광과 임사홍 58
사화의 시작 69
'조의제문'과 사림의 패퇴 76

제3장 평온 속의 불안

짧은 안정기 84
불길한 징조 92
이세좌의 수난 99

제4장 갑자년의 잔혹사

광풍의 시작　110
사화의 주역 임사홍?　115
피의 복수, 그리고…　122
통렬한 개혁　130
연산의 딜레마　137

제5장 무너진 절대군주

제왕의 꿈　148
흥청망청　157
연산의 측근들　168
붕괴의 조짐들　173
반정　182

작가 후기　196
《연산군일기》연표　198
조선과 세계　203
The Veritable Records of the Joseon Dynasty　204
Summary: The Daily Records of Yeonsangun　205
세계기록유산,《조선왕조실록》206
도움을 받은 책들　207

등장인물 소개

연산군
절대왕권을 추구하며 두 번의 사화를 일으킨다. 조선 제10대 임금.

장녹수
연산군의 연인.

신씨
연산군의 부인.

신수근
연산군의 처남으로 권세를 누린다.

유자광
무오사화의 주역.

이극돈
김일손의 사초를 대신들에게 알림으로써 사화가 시작되었다.

김일손
김종직의 '조의제문'을 사초에 실음으로써 사화의 빌미를 제공한다.

노사신
대간에 맞서며 연산군을 지지했다.

이세좌
폐비 윤씨에게 사약을 들고 갔던 일로 연산군에게 복수를 당한다.

인수대비
(소혜왕후)

월산대군 부인 박씨
연산군과의 사이에 추문이 돌았다.

신윤무

윤필상

성준　　**이극균**　　**한치형**

임사홍과 그의 아들 임숭재
둘 다 연산군의 총애를 입어 권세를 누렸다.

성희안
반정의 총 설계자.

박원종
연산군의 총애를 입었으나 반정의 선두에 선다.

창덕궁 인정전
창덕궁의 정전. 창덕궁이 건립되던 해인 1405년(태종 5)에 지어졌다.
연산군은 이곳에서 즉위하고 집무를 보았다. '어진 정치'를 펼치라는 의미가 담겨 있다.

제1장

대간 권력
vs 연산

경험의 정치

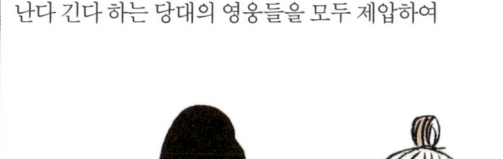

외척에 대한 유별난 경계는 계속되어

아들 세종의 처가까지 박살을 내버렸다.

형제와 생사를 건 쟁투를 벌인 끝에 권좌를 차지했던 경험은

자식들에 대한 염려로 이어져

내 자식들도 나처럼 그런다면······ 안 돼. 그것만은 절대로 안 돼.

틈나는 대로 자식들 간의 화목을 당부한다.

궁궐 옆에 이웃하여 서로 도우며 사는 게 어떠냐?

형제란 그저 우애가 제일이야. 알겠니?

뒤를 이은 세종은 아버지 태종의 뛰어난 정치력에 감탄하면서도 정치방식엔 생각이 달랐다.

이제는 나라가 안정되어야 할 때! 그러자면 유교 정치를 발흥시켜야 해.

집현전을 육성하고  토론과 비판을 중시했다.  준비 없이 갑작스레 보위에 올랐던 경험은

세자 교육에 대한 중시로 나타났다.   왕자 시절의 경험은

왕자들에게 능력 발휘의 길을 열어주게 했고, 이는 그들의 정치 세력화를 불러왔다.

신하들은 유교 정치의 부활을 목표로 어린 성종에게 주입식 군주수업을 시켰고

성종은 신하들의 의도대로 유교적 소양으로 무장한 도학군주로 성장했다.

집현전의 후신인 홍문관이 자리를 잡았고

경연이 다시 활성화되었으며

대간의 비판 활동이 전례 없이 강력해졌다.

이렇듯 전대의 경험이나 군주가 되기 전의 경험은 새 임금의 정치에 중대한 영향을 끼치게 된다.

새 임금 연산의 정치를 특징지을 만한 그만의 경험으로는 어떤 것이 있을까?

제1장 대간 권력 vs 연산 21

연산의 경험

제1장 대간 권력 vs 연산

특별히 말썽을 일으키지도 않았지만 칭찬받을 만한 행적도 별로 없다.

소리 없이 적당히 하루하루를 보냈을 따름이다.

얼굴에 종기가 떨어지지 않았고

입안이 헐거나

눈병에 걸리는 등 잔병치레가 잦았다.(임금이 된 이후도.)

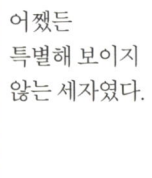
어쨌든 특별해 보이지 않는 세자였다.

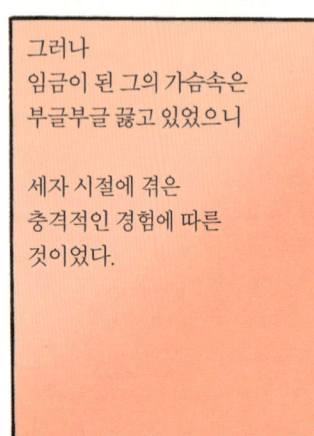
그러나 임금이 된 그의 가슴속은 부글부글 끓고 있었으니

세자 시절에 겪은 충격적인 경험에 따른 것이었다.

즉위하고 얼마 안 있어 성종의 묘지문을 읽고 난 연산이 물었다.

윤호는 연산의 계모인 자순대비(정현왕후)의 아비. (제6권 178쪽, 187쪽 참조)

이날 비로소 연산은 친어머니의 존재와 죽음을 알게 되었고, 수라를 들지 않았다고 《일기》는 전한다.

그런데 과연 연산은 이때까지도 친모인 폐비 윤씨의 존재를 몰랐을까?

궐내에서 아무리 입단속을 했다 해도 자신을 둘러싼 공기가 평범치는 않음을 느꼈을 것이다.

*조참(朝參): 중앙에서 근무하는 모든 벼슬아치가 한 달에 네 번 정전에 모여 임금에게 문안하고 정사를 아뢰던 일.

강경한 연산

제1장 대간 권력 vs 연산

불사를 반대하고 노사신을 비판한 상소였는데, 문제가 된 구절은 이런 것이었다.

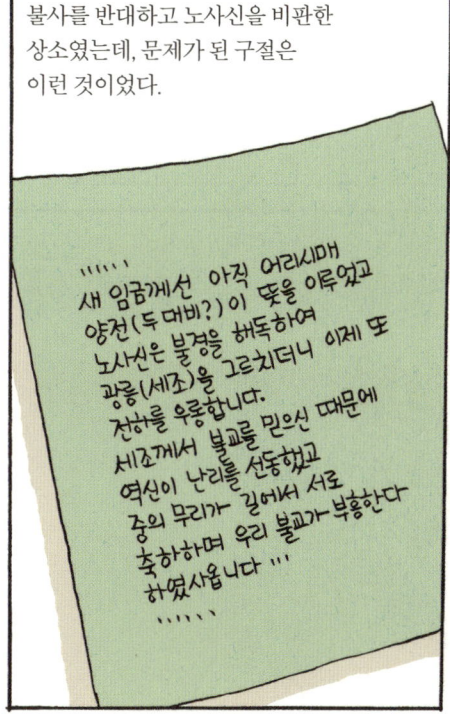

깜짝 놀란 대간들은 물론이요, 대신들까지 나서서 만류했다.

더 강경한 대간

대간들은 다시 노사신으로 표적을 바꾸었다.

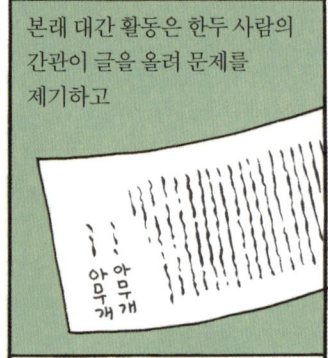

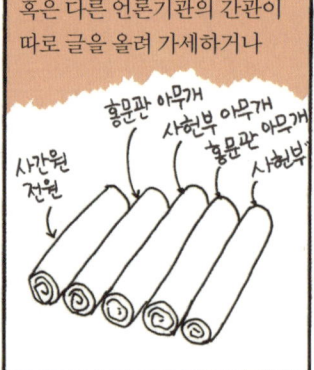

그래도 거부되면 양사 혹은 삼사가 합동으로 간하게 된다.

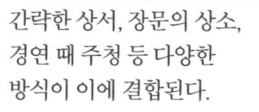
간략한 상서, 장문의 상소, 경연 때 주청 등 다양한 방식이 이에 결합된다.

그래도 수락하지 않으면 단체행동에 나서게 되는데,

뜰 앞에 엎드려 농성을 하거나

집단 사직을 하는 것이 그것이다.

비록 사안에 따라 중간과정 몇 개는 생략되기도 하지만, 대체로 이런 과정을 밟는 게 상례였다.

그런데 노사신 건으로 사직한 뒤론 걸핏하면 사직을 고하고

복직을 명하면 다시 사직하기를 반복하는 양상이 일상화된다.

대간의 반발을 무시하고 연산은 대신들과 의논해 신주와 사당 건립도 추진한다.

대간의 반발이 더욱 거세어진 것은 당연지사.

성종대왕의 유교를 좇으소서!!

성종대왕을 섬기던 마음을 배반하고 전하께 아첨하는 간신 노사신을 국문하소서!

11일 동안 연속으로 합사하여 반대하는 기록도 남겼다.

그래도 꿈쩍 않자

대간은 예의 집단 사직에 들어간다.

복직과 사직의 지루한 반복이 몇 달간 이어졌다.

또 사표들 던지셨구먼.

대단한 깡이야

이 외에도 몇 달씩 사직과 복직이 반복되는 양상은 여러 번 있었다. 거의 매 사안마다 임금과 대간은 맞부딪쳤던 것이다. 이것이 연산 즉위 후 4년까지의 풍경이었다.

학사루

유자광이 시를 지어 벽에 걸어두었는데 김종직이 이를 떼어내 버림으로써 김종직과 사림에 대한 원한이 더욱 깊어지게 되었다는 이야기의 무대가 바로 이곳 학사루다. 신라 시대에 처음 지어진 것으로 추정되며, 지금의 건물은 1979년에 새로 지은 것이다. 경남 함양군 함양읍 소재.

제2장

무오사화와
왕권의 회복

무오 이전의 연산

이렇듯 연산은 반대가 아무리 드세도 반드시 하리라 작정한 것은 기어코 이루어냈다.

아버지 성종과는 정반대의 스타일.

바로 그 점이 문제야.

성종 같은 군주를 원한 대간들이 보기에는 문제가 있었겠지만, 일국의 군주에게 그런 뚝심은 사실 꼭 필요한 덕목이기도 하다.

왕권에 대한 문제의식도 선명했고

권세는 위, 즉 임금에게 있어야 정상이지.

현실적인 힘의 관계도 잘 이해했다.

궁궐 안팎에 확실한 내 편은 얼마 안 돼.

대비마마가 두 분이나 계시지만, 한 사람은 내 어머니를 죽이는 데 역할을 한 사람이고, 다른 한 사람은 내 어머니의 빈자리를 차지한 사람. 내 편이 못 돼.

인수대비

자순대비 (정현왕후)

제2장 무오사화와 왕권의 회복 53

반면에 대간에 대한 대치선은 분명히 그었다.

그 결과 나름의 세력 균형이 이루어졌다.

국정운영 능력도 그런대로 괜찮아 보였다. 죄인의 처우나 송사 등에 신경을 썼고

국방 등 잘 모르는 분야의 일은 관련 전문가(주로 대신들)의 의견을 좇았다.

그나마 위안이 되는 것은 적어도 세조처럼 아주 폐하지는 않는다는 사실이었다.

어찌 됐든 상당한 정치적 수완과 판단력, 그리고 뚝심을 지닌 연산!

시간이 흐를수록 그의 힘은 강화되게 마련인지라

제법 카리스마 있는 유능한 군주가 될 것처럼 보였다.

유자광과 임사홍

일이 승지들 간의 다툼으로(그것도 어전에서!) 번지자 성종은 승지들을 전원 교체해버린다.

그런데 당시 조사들은 로비에 넘어간 승지들보다 동료에게 '너, 귀달'이라고 부르며 어전에서 소매를 걷어붙인 현석규의 태도를 더 큰 문제로 보았다.

이에 대신, 대간이 합동으로 현석규를 탄핵했지만

현석규의 무례함보다 원칙을 지킨 자세를 높이 산 성종은 오히려 그를 두 자급 건너뛰어 대사헌으로 승진시켜버린다.

그래도 반대가 이어지자 또다시 두 자급을 건너뛰어 형조 판서에 임명한다.

현석규에 대한 성종의 총애가 이러했는데

유자광, 김언신이 현석규를 소인이라고 비판하는 상소를 올렸다가 성종의 분노를 사기도 했다.

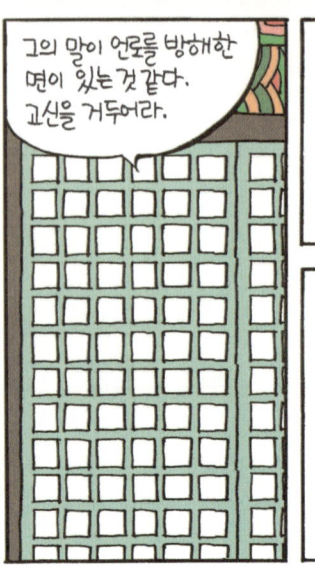

뜻밖에도 성종은 그 근거를 수용하더니 다음과 같은 명으로 사건을 마무리했다.

유자광은 그나마 5년 뒤 사면되고 이전 같은 요직은 아니지만 이런저런 직책을 맡아 녹을 먹을 수 있었지만,

임사홍은 4년이 더 지나서야 겨우 사면될 수 있었을 뿐, 관직으로의 진출은 철저히 차단되었다.

소년등과한 임사홍은 학자로서의 명성도 있었지만

당대의 손꼽히는 명필인 데다 문장에 능했을 뿐 아니라 중국어 실력 또한 당대 제일이었다.

그 때문에 말년의 성종은 그의 재주를 쓰고 싶어서

승문원에 두어 중국어 교사로 삼으려고도 했고

중국에 가는 사신에 관압사란 말직을 맡아 따라가 통역을 돕도록 하려고도 했지만, 대간의 결사반대에 번번이 포기해야 했다.

＊소년등과(少年登科): 젊은 나이에 과거에 붙음.

사화의 시작

후에 사화를 일으킨 장본인이자 훈구파의 수괴로 낙인찍힌 이극돈.

그의 집안은 당대 최고의 권세가였다.

그의 아비는 이인손으로 세조의 변덕 덕에 잠시나마 정승 자리에 앉았던 사람이다.(제5권 147~148쪽 참조)

그는 다섯 명의 아들을 두었는데 모두가 과거에 급제하여 장안의 화제가 되었는가 하면, 모두가 재상의 지위에 오르기도 했다.

둘째 이극감과 셋째 이극증은 성종 시절에 죽었고,

성종 말년에 영의정을 역임한 이극배는 연산 1년에 죽었다.

그래도 이극돈, 이극균이 모두 재상의 지위에 있었고

죽은 이극감의 아들인 이세좌도 재상급이었으니 이들의 권세가 오죽했을까?

제2장 무오사화와 왕권의 회복 71

처음 문제가 된 기록들은 이러했다.

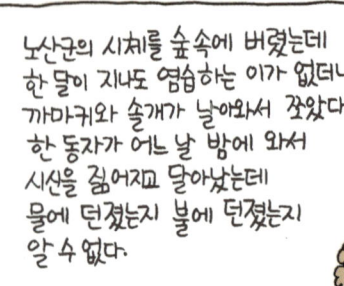

곧이어 병으로 지방에 내려가 있던 김일손이 체포되어 왔다.

유자광이
바통을
이어받아
국문을
계속했다.

들은 출처를 조사하면서
연루자들이 하나 둘
늘어갔다.

불똥이 어디로 튈지 모르는
상황. 강경하던 대간조차
숨을 죽였는데

국문을 책임지다시피 하던 유자광,
김일손의 사초에서 또 하나의
중대한 기록을 발견한다.

'조의제문'과 사림의 패퇴

이게 무엇이오?

김종직이 지은 '조의제문'이란 글인데 제자 김일손이 사초에 실었길래 가져왔나이다.

조(弔)의제문

정축년 10월에 나는 밀성에서 경산으로 향해 가다가 답계역에서 자는데 꿈에 신(神)이 칠장 의복을 입고 나와 말하기를, '나는 초나라 회왕 손심(의제)인데 서초 패왕(항우)에게 살해되어 빈 강에 잠겨 있다.' 하고는 사라졌다. 꿈을 깨고 난 뒤 생각하기를 회왕은 남초 사람이요 나는 동이(東夷) 사람으로 거리가 만여 리가 될 뿐아니라 세대의 선후 또한 천년이 훨씬 넘는데 꿈속에 와서 감응하니 이것이 무슨 상서일까? 또 역사를 살펴보아도 강에 잠겼다는 말은 없는데 정녕 항우가 사람을 시켜 비밀리에 쳐죽이고 그 시체를 물에 던진 것일까? 알 수 없는 일이로다 하고 마침내 글을 지어 조문한다.

하늘이 법칙을 마련해 사람에게 주었으니 어느 누가 사대9상(四大五常) 높일 줄 모르리오. 중화라서 풍부하고 이적이라서 인색한 바 아니거늘 어찌 옛적에만 있고 지금은 없을손가. 그러기에 나는 이인(夷人)이요 천 년을 뒤졌건만 삼가 초 회왕을 조문하노라. …
옛날 조룡(진시황)이 아각을 농락하니 사해의 물결이 붉어 피가 되었네 …
항양은 남쪽 나라의 장종으로 … 왕위를 얻되 백성의 소망에 따랐도다 끊어졌던 제사를 보존하였도다. … 장자를 보내어 관중에 들어가게 하였도다. …
어찌 (항우를) 잡아다가 도끼에 기름칠을 아니했는고.
아아! 형세가 너무도 그렇지 아니함에 나는 왕을 위해 두렵게 여겼네 …

내 마음이 금석을 꿰뚫음이여. 왕이 문득 꿈속에 임하셨네.
자양의 노필을 따라가자니 생각이 진동하여 흠흠하도다.
술잔을 들어 땅에 붓노니 바라건대 영령은 와서 흠향하소서.

* 작호(爵號): 관직이나 작위의 이름.
* 청론(淸論): 올바른 의견이나 주장.

성종조에 이미 죽은 김종직은 부관참시되고

剖 쪼갤 부
棺 널 관
斬 벨 참
屍 주검 시

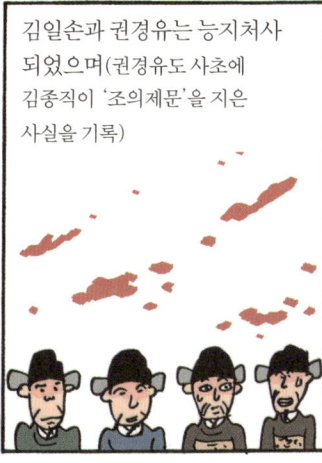
김일손과 권경유는 능지처사 되었으며 (권경유도 사초에 김종직이 '조의제문'을 지은 사실을 기록)

김일손을 격려하거나 정보를 준 이목, 허반은 참수되고

표연말, 김굉필, 정여창, 임희재(임사홍의 아들) 등 김종직의 제자로 거론된 이들은 장 100대를 맞고 유배되었다.

유자광과 노사신의 주장을 절충하여 죄는 주되 목숨은 빼앗지 않은 것이다.

사림의 종주로 추앙받는 김종직, 세조 치하에서 과거에 급제해 벼슬을 했던 그이기에 절의에 충실했다고는 할 수 없으리라.

그러나 마음으로 그는 세조의 집권을 용인할 수 없었고, 세조를 도운 자들도 용서할 수 없었다.

비루한 인간들

그런 생각이 집약된 것이 바로 '조의제문'이다.

* 능지처사(陵遲處死): 머리와 사지를 분리해 죽이는 형벌로 대역죄인에게 행한다.

'조의제문'을 《실록》에 남기려 했던 제자들의 생각도 다르지 않았다.

그러나 성종의 사랑에 힘입어 언론기관을 장악하며 욱일승천하던 그들은 이번 일로 크게 꺾이게 되었다.

국문을 맡았던 윤필상, 노사신, 한치형, 유자광 등은 상으로 노비와 땅을 받았지만

사건의 발단을 제공한 이극돈은 늦게 보고했다는 이유로 파직당해야 했다.

'무오사화'로 명명된 이 옥사의 승자는 누구일까? 외형적으로는 상을 받은 훈구파로 보인다.

주연이 유자광이었던 것은 맞지만, 진정한 승자는 따로 있다. 사건의 총감독, 바로 연산이다.

김일손의 사초를 처음 접했을 때 연산 또한 유자광만큼이나 전율했으리라.

연산은 정치적 감각이 상당히 발달한 인물.

그 역시 사건이 몰고 올 파장의 크기를 알았을 것이다.

온건론은 제압하고

강경론을 펴는 유자광에게는 힘을 실어주었으며

사건을 김종직 사단 전체로 확대하려 애썼다.

봐라! 이 무리가 이렇다.

그렇게 함으로써 즉위 이래 4년 동안 자신과 집요하게 대립해온 대간 세력을 한 방에 제압할 수 있었다.

형의 집행에 앞서서는 이렇게 명했다.

김일손 등을 벨 땐 백관이 가볍게 하라!

이 같은 일은 통렬히 다스려서 뒷사람으로 하여 경계하게 해야 한다. 혹 고개를 돌리거나 낯을 가리는 자는 이름을 적어 오너라.

회묘

연산군의 생모인 폐비 윤씨의 묘로, 원래는 회기동 경희대학교 자리에 있던 것을 1969년에 고양시 서삼릉 자리로 이장했다. 이름은 묘이나 연산에 의해 능으로 추숭되며 단장되었던지라 여느 왕이나 왕비의 능과 다름없다.

제3장

평온 속의 불안

짧은 안정기

노사신. 단종 1년에 급제하고 세조의 총애를 받았다.

성종조에 들어서서는 서거정과 함께 《삼국사절요》, 《동문선》, 《동국통감》을 편찬했으며, 《동국여지승람》 편찬에도 참여한 성종 대를 대표하는 학자.

그러나 성종 말년 이후 대간들의 주요 공격 대상이 되었으니

대간의 지나친 활동에 대해 비판적이었기 때문이다. 연산과 대간이 부딪칠 때면 그는 언제나 연산의 입장을 지지하고 나섰다.

"니네가 틀렸어!"

"역시 노 정승뿐입니다."

"간신 중의 간신 노사신!"
"노사신 없는 세상에 살고 싶다."
"역사에 길이 간신의 대명사로 남으리라!"

*걸주(桀紂): 중국 하나라의 걸왕과 은나라의 주왕으로 폭군의 대명사.

*사옹원(司饔院): 궁중의 음식 공급을 담당하던 기관.

앓아누웠을 때 윤필상과 성준이 병문안을
오자 시를 지어 고마움을 표한 적도 있다.

대신들은 안심했다.

길은 멀고 땅은 미끄러워
다니기 가장 어렵건만
정성과 충심을 마다치 않고
대궐로 나왔구려.
바라노니 어진 대신이여
내 잘못을 고쳐주고
복령(茯苓)과 대춘(大椿)처럼
오래 살기 기원하오.

경연에도 종종 나가 경연관들의
말에 귀 기울였고, 토론에도
적극 임했다.

최고 지도자로서의 판단력도
괜찮았음을 보여주는 사례들이
제법 있다.

회암사를 점검해보니
도첩이 없는
젊은 중들이
많았다.

그들의 부모에게도
죄를 가하시고
그들을 꾀어
중이 되게 한 자는
가족까지 변방으로
내쫓으소서.

내 불교를 숭상하진 않지만
중도 사람인데 어찌 하루아침에
고칠 수 있겠느냐? 법을 너무
각박하게 쓰면 소요가 이는 법이다.

일본에서 원숭이를 보내왔을 때의 답변도 적절했다.

선왕 때에 그들이 앵무새를
바쳤건만 값만 비싸고 나라에
아무런 이득이 없었다.
근래에 구리나 쇠처럼 필요한
물품도 값을 대기가 어려워
공·사무역을 중지했는데
하물며 무익한 짐승이겠느냐?
돌려보내거라.

제3장 평온 속의 불안 89

연산 5년에는 야인의 거듭된 말썽으로 서정(西征)이 결정되었다.

본때를 보이자!

이후 서정 방침의 철회를 주장하는 목소리가 그치질 않았는데,

서정을 중지하소서!
중지하소서!
신들이 변방의 일에 대해 한 가지 계책이 있나이다.

서쪽에 길을 내어 야인이 오갈 수 있게 하면 그들이 안심할 것이니 이때를 틈타 서정군을 보내면 성공할 것이옵니다.

당시 야인들은 건주위를 지나 뺑 둘러서 함경도를 통해 한양으로 들어와야 했고, 의주-평양으로 이어지는 서쪽 길은 사용할 수 없었다.

때문에 서쪽에 새 길을 내는 것은 그들의 오랜 숙원이었죠. (녹색 점선)

① 명나라 사신이 이용하던 길
② 야인이 들어오는 길

조종조 이래 서쪽 길을 열어주지 않은 것은 반드시 깊은 뜻이 있을 것이오. 지금 열었다가 갑자기 닫아버리면 원망을 사지 않겠소?

그러나 경들도 생각한 바 있어 말한 것이니 천천히 여러 신하와 의논한 뒤 결정하겠소.

그리하시옵소서.

의논 뒤 불가로 결정되었고, 서정도 취소되었다.

불길한 징조

취향에 관해서 연산은 부왕인 성종과 많이 비슷했다.

시를 좋아했고, 그림 애호가였으며,

사냥도 좋아했다.

그러나 둘의 기질은 결정적으로 달랐으니

아니 되옵니다.

취미에 빠지실까 두렵사옵니다.

군주는 시를 짓거나 하는 것을 멀리해야 하옵니다.

알았다. 안 하면 될 거 아니냐?

흥!!

연산은 하고 싶은 것은 무엇이든 다 했다.

임금이 자기가 하고 싶은 것도 못한대서야

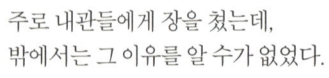

대비전에 잔치도 자주 열어드렸고

각종 물품도 자주 드렸다. 큰어머니인 월산대군 부인 박씨에게도 거의 대비에 준해 대접했다.

이에 재정 압박이 따랐고, 의정부가 여러 번 절약을 권했지만 고치지지 않았다.

걱정스럽게 지켜보던 대신들도 이 문제를 비롯한 여러 가지를 수차례 제기했다.

대간들도 질세라 몇 차례 시정 전반에 걸친 상소를 올렸는데, 다음의 상소는 연산 9년 2월에 올린 것으로, 이런 유의 상소로는 사실상 마지막 상소이다.

신들은 재주와 식견이 천박한 까닭에 생각함이 두루 미치지 못하여 성덕의 만분의 일도 돕지 못하니 직무를 게을리한 죄책을 벗어날 수가 없기에 삼가 시사 10조목을 올려 성총을 더럽히오니 굽어 살피소서.

첫째, 간쟁에 관해서이옵니다.
… 유익한 계책을 받아들이신 것이 벌써 많사오나 전하의 뜻을 거슬렀다가 견책을 받은 사람도 많사옵니다. 신들은 전하께서 간쟁을 따르는 도량이 아직 넓지 못한가 합니다. … '이기기를 힘쓴다', '입으로는 공사를 말하지만 사적인 정에서 나왔다', '임금을 업신여긴다.' 하시니 대간의 입을 다물게 하고 충간을 막는 것이 어찌 이리도 심하시옵니까? … 바라옵건대 역대의 간언에 따르는 아름다움과 간언을 물리치는 그릇됨을 거울 삼아 바른말 하는 기풍을 기르시옵소서.

둘째, 사사로운 은총을 억제하소서. (내용 생략)
셋째, 재용을 절약하는 일이옵니다.
재물이란 백성의 힘에서 나온 것으로 지나치게 쓰면 재물을 손상시키고 이는 결국 백성을 해치게 되는 일이옵니다.
근년 이래 비용이 점점 늘어나 하사해주시는 데 절도가 없고 국가 용도의 일정한 수량을 제외하고도 한 해의 비용이 얼마인지를 모르겠사옵니다. 그리하여 여러 관사에 비축된 것이 모자라 후년의 것을 당겨 납부하라는 명령이 나오게 되었으니 국가의 비축이 어찌 충족될 수 있고 민생이 어찌 회복되겠사옵니까?

넷째, 관작과 상벌을 소중히 하는 일이옵니다. 《서경》에 이르기를, '관작은 사사로이 친한 이에게 주지 말고 오직 재능 있는 이에게 주어야 하고, 작위는 악덕에게 주지 말고 덕행이 있는 이에게만 주어야 한다'고 하였사옵니다. 관작은 나라가 잘 다스려지고 어렵게 되는 근본이요 군주가 세상을 권장하고 둔한 사람을 격려하는 것이옵니다.
때문에 옛날에 명철한 군주는 찌푸리고 웃는 것까지 아낄 줄 알았고, 해어진 바가지조차 공 있는 사람을 기다렸는데 하물며 관작이겠습니까?

다섯째, 백공의 기예를 멀리하소서.
… 신들은 귀와 눈이 좋아하는 것에 마음이 팔리고 유약한 일을 해쳐 큰 덕을 더럽히는 실수가 여기에서 비롯될까 두렵사옵니다.

여섯째, 검소를 숭상하는 일이옵니다. (내용 생략) 일곱째, 백성의 고통을 근심하는 일이옵니다. (〃)
여덟째, 호령을 한결같이 하는 일이옵니다. (〃) 아홉째, 조종을 본받는 일이옵니다. (〃)
열째, 실덕(實德)을 힘쓰는 일이옵니다. (〃)

이 상소를 받아보고 연산은 어떤 표정을 지었을까?

부끄러워 얼굴 붉혔을 리는 만무하고

욱! 정곡을

분노로 일그러졌을까?

이것들이!!

부들 부들

어쩌면 조용히 웃었을지도 모르겠다. 다가올 격랑을 알 리 없는 신하들이다.

연산의 머릿속에는 이미 완벽한 시나리오가 짜여 있었으니······.

이세좌의 수난

연산 9년 9월, 인정전에서 양로연이 열렸다.

모처럼 즐거운 자리. 재상들은 다투어 임금에게 술을 올리고

임금은 답술로 화답했다.

성은이 망극하옵니다

예조 판서 이세좌는 평소 술을 못했지만 여느 재상들처럼 술을 올리고

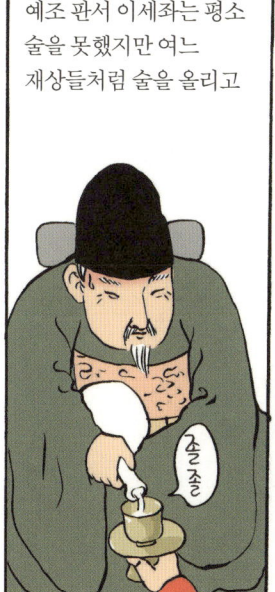

자, 경도 한잔 하오.

못하는 답술을 비웠다.

하지만 술을 떨어뜨려 곤룡포를 적시는 줄은 몰랐다.

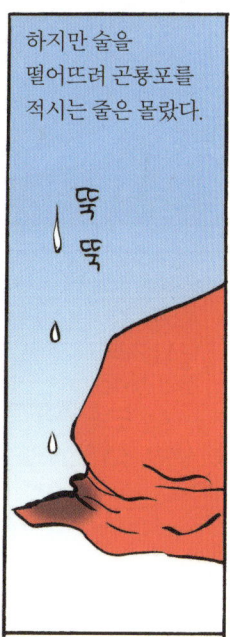

제3장 평온 속의 불안

口是禍之門
舌是斬身刀
閉口深藏舌
安身處處牢

입은 화가 드나드는 문이요
혀는 몸을 베는 칼이다.
입을 닫아 혀를 깊이 숨겨두면
몸이 편안하여 어디서나
안온하리라.

이 신언패의 글귀는 당나라의 재상으로 처세의 달인이라는 평을 듣는 풍도의 시입니다.

* 검률(檢律): 형조나 지방의 관아에서 사법 행정과 교육을 맡은 종9품 벼슬.

경복궁 경회루

갑자사화 이후 연산군은 연일 잔치를 열고 유희를 즐겼는데 경회루도 그의 주요 놀이터였다. 못 건너에 만세동산이라는 화려한 산을 만들고 호화로운 유람선을 타고 오가며 놀곤 했다. 또 경회루를 본떠 창덕궁 후원에 서총대를 짓기도 했다. 지금의 경회루는 고종 때 대원군이 새로 지은 것이다.

제4장

갑자년의
잔혹사

광풍의 시작

이세좌의 아들, 아우, 사위 들까지 장을 쳐서 유배 조치한 날 저녁, 갑자년[연산 10년(1504)] 3월 20일이었다.

아직도 네년들의 죄를 모르겠느냐? 너희 년들의 참소 때문에 내 어머니가 죽었단 말이다.

가서 안양군 이항과 봉안군 이봉을 끌고 오너라.

예, 전하!

피투성이가 되어 쓰러져 있는 여인은 성종의 후궁인 엄 숙의와 정 소용이고

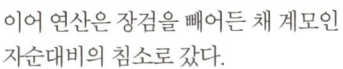

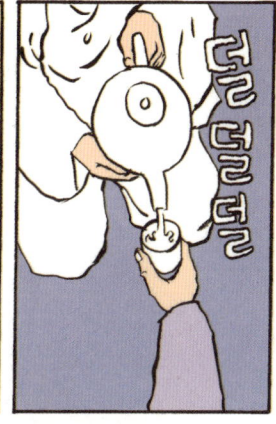

세자빈으로 궁에 들어왔으나 남편인 의경세자가 죽고 둘째 아들인 잘산군이 예종의 뒤를 이어 보위에 오르면서 대비가 된 여인.

성종 재위 25년 동안, 그리고 연산 초기까지 강력한 발언권을 가졌던 그녀.

이날의 충격이 컸던 탓일까?

안 그래도 병이 이미 깊었던 그녀는 한 달 뒤 숨을 거둔다.

눈 감기 전에 무슨 생각을 했을까?

글쎄, 폐비 결정을 후회하지 않았을까?

아이고— 아이고—

그보다는 폐세자 하지 않은 것을 후회했을걸.

어쨌든 갑자사화는 그렇게 막이 올랐다.

사화의 주역 임사홍?

《일기》가 갑자사화의 발발을 설명하는 기본 논조는 이러하다.

"연산은 본래 폐비된 어미의 성미를 닮아 모질고 지혜롭지 못했는데 그에게 30년 가까이 소외되어온 임사홍이 접근하여 참극을 일으키게 하였다."

좀 더 구체적인 묘사는 갑자사화 2년 뒤인 연산 12년 4월 17일자에 나온다.

"저언하!"

어느 날 밤 미복 차림으로 찾아온 연산에게 임사홍이 울면서 고한다.

"대궐의 대문이 겹겹이라 들어가 아뢸 수 없었는데 오늘 저의 집에서 이렇게 성상을 뵙게 될 줄 어찌 알았겠사옵니까? 흑흑"

"모후께선 투기한 죄밖에 없사온데 엄숙의와 정 소용이 모후를 참소하여 폐비에 이르게 되었나이다."

"그게 사실이오?"

제4장 갑자년의 잔혹사 115

무려 1년에 걸친 끈질긴 반대의 결과였다.

임사홍에 대한 사림의 배척 의지는 이 정도였다.

임숭재는 노래와 춤을 잘하는 등 연산과 기질적으로도 통했지만

권력자의 의중을 읽는 데 비상한 능력이 있었다.

날씨도 좋은데 가볍게 사냥이라도 나가시는 게…

그는 곧 연산의 총애를 받는다.

그래, 안 그래도 그러려던 참이었어.

가자고.

수십 년간 배척당해온 아버지를 안쓰럽게 지켜봐온 아들이

아비의 억울함을 호소하는 소를 올린 것이 연산 6년 8월이고,

연산이 임사홍을 정식으로 기용한 것이 연산 9년 1월이다.

축하드립니다. 아버님!

고맙다. 다 네 덕이다.

그사이에 연산과의 만남이 꽤 있었을 테고

연산에게 폐비를 둘러싼 당시의 이야기도 했을 것이다.

제4장 갑자년의 잔혹사 119

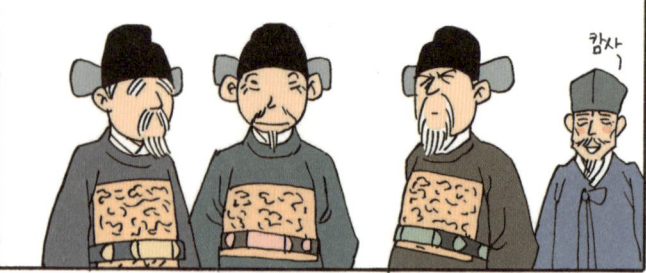

왜냐하면 갑자사화는 연산이 각본, 감독, 주연까지 겸한 드라마이기 때문이다.

연산은 그 과격함과 갑자사화의 시작에 대한 《일기》의 오보로 인해 매우 충동적이란 인상을 주지만,

사실 꽤나 냉정한 성격의 소유자다.

힘이 약할 땐 다른 힘을 빌릴 줄 알았고,

속내를 숨긴 채 때가 무르익기를 언제까지나 기다릴 줄 알았다.

자, 이제 때가 왔다. 복수의 때가.
오랫동안 계획해온 일을 펼쳐 보일 때가!

제4장 갑자년의 잔혹사 121

피의 복수, 그리고…

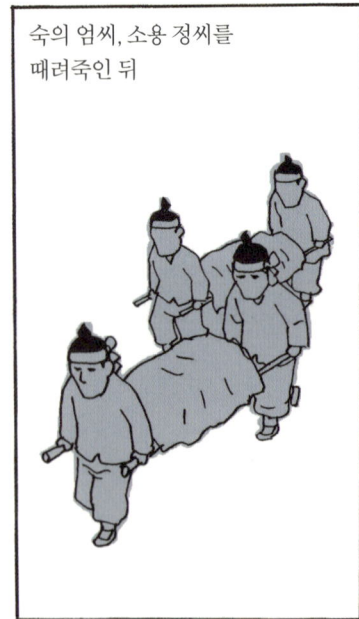

숙의 엄씨, 소용 정씨를 때려죽인 뒤

연산은 곧바로 폐비의 추숭을 다시 제기한다.

비록 모후께서 선왕께 죄를 짓기는 하였으나 어머니는 자식으로 하여 귀해지는 것인즉 묘호를 고치는 게 어떻겠는가?

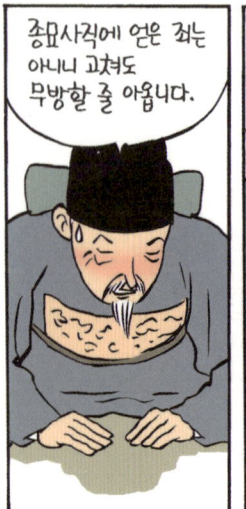

종묘사직에 얻은 죄는 아니니 고쳐도 무방할 줄 아옵니다.

의리에 따르면 어렵사오나 전하의 망극한 심정에서 나온 것입니다.

이 살벌한 분위기에서도 대간의 다수는 반대의견을 냈다.

추숭의 예는 이미 지극하여 다시 더할 수는 없사옵니다.

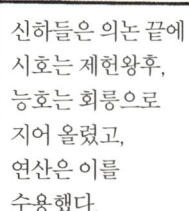

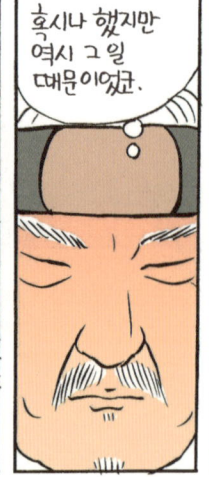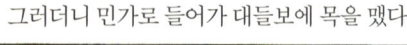

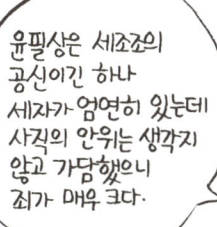

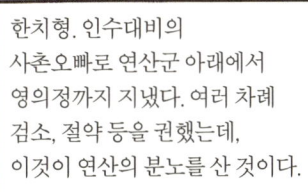

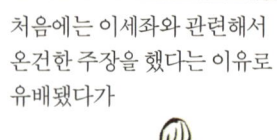

통렬한 개혁

즉위 이래 끈질기게 자신을 괴롭혀온 대간 세력을

이제 본격적으로 그동안 품어온 생각을 실현하는 길로 나선 것이다. 어머니의 복수도 어쩌면 이를 위한 수단이지 않았을까?

절대 왕권

무오사화를 통해 제압하고도 연산은 만족하지 못했던 것.

대간이 약해지니 대신이 나서서 비판하잖아. 고얀…

영의정 성준은 광풍이 시작되자 사직을 청했다.

경이 사직한다고 나랏일을 잊을 사람이오? 안심하고 몸조리하오.

성은이 하해와도 같사옵니다.

다음 날 《실록》을 상고한 결과가 보고되었는데,

성준과 노공필이 언문을 가지고 와 바쳤다고?

언문은 폐비가 생전에 허위로 꾸며 권 숙의 집에 던졌던 익명서를 말합니다.

성준의 작첩을 거두고 유배해라!

제6권 181쪽을 참조하세요.

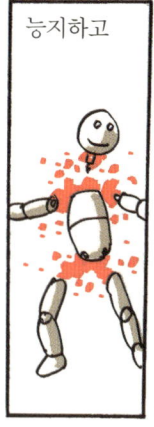

연산이 즉위한 후 올린 소에 다음과 같은 구절을 써넣었다가 죽음을 맞았다.

연산은 효수할 때마다 죄명을 적은 찌를 매달게 했는데

조지서에게는 이런 찌가 붙었다.

정성근의 머리에는 이런 찌가 걸렸다.

'소식'이란 고기반찬이 없는 식사로, 추도기간에 하는 식사다.

정성근은 성종이 죽자 3년 동안 소식하며 심상(心喪)했는데

연산에게는 그게 다 쇼로 보였던 모양이다.

정인인이란 이는 연산이 여러 신하에게 시를 지어 바치도록 명했을 때 혼자만 두 편의 시를 낸 적이 있었는데

결국 그 일이 원인이 되어 목이 달아났다.

＊심상(心喪): 상복은 입지 않으나 상제가 된 심정으로 근신하는 것.

*상교(上敎): 임금의 지시.

연산의 딜레마

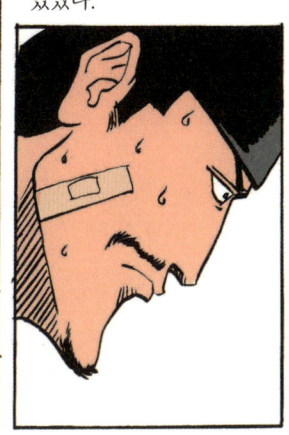

만일 피바람이 멈춘다면, 그리하여 틈이 생긴다면,

저들은 모여 쑥덕거릴 것이고 작당하여

마침내는 반역할 것이다.

때문에,

피바람은 계속되어야 한다. 10년이고 20년이고!

그런데 그동안 많은 사람이 사라졌다.

어제의 동료들이 목이 잘려 장대 높이 내걸리고

곤장 맞고 유배되었다.

*조사(朝士): 벼슬살이를 하고 있는 사람. 늑 조신(朝臣), 조관(朝官)

광풍을 지속시키는 옥사를 새로이 만들어내면서도

가혹한 형벌은 이미 죽은 자와 그의 가족에게만 한정함으로써

살아남은 신하들을 향한 피바람은 사실상 거두는 해법이었다.

그뿐만 아니라 연산은 살아남은 이들에게 적절히 잔치를 베풀어주고 선물도 하사하곤 했다.

이를 통해 연산은 신하들에게 이런 생각을 전달하고 싶었으리라.

신하들은 연산의 의중을 이해했고 적응해갔다. 삐끗하면 끝장나는 살얼음판 위 같은 환경이긴 했지만.

詩人 연산

> 어제 사묘에 나가 어머니를 뵈옵고
> 술잔 드리자 자리를 적시는 눈물 거두기 어렵더라.
> 간절한 정회는 끝없이 이어지니
> 영령께서 응당 이 정성을 돌아보시리라.

연산 8년 9월 5일
모후의 사당에 다녀와서

> 푸른 잎은 선연하여 맑은 이슬 맺히고
> 붉은 석류알 번들번들 맑은 바람에 흔들리네.
> 한가로이 하늘의 조화 구경하다가
> 가을 기운 찾아와서 술을 깨워주는구나.

연산 10년 5월 1일
갑자사화의 와중에

> 귀뚜라미는 찬 새벽에 울어 추위를 더하고
> 기러기는 맑은 밤에 울어 시름만 일으키누나.
> 높은 대 위의 맑은 달빛이 가장 좋나니
> 내 몸이 달 속의 광한루에 있는 듯하네.

연산 11년 7월 5일
절대권력을 구축하고

> 명예를 구하느라 고생하지 말고
> 모름지기 자주 술에 취하여라.
> 이 세상 한 번 떠나면
> 황천객을 면키 어렵나니.

연산 12년 5월 24일
폐위되던 해
최후를 예감했는지 …

제4장 갑자년의 잔혹사

연산군묘
서울시 도봉구 방학동에 있는 연산군과 부인 신씨의 묘. 왕릉과는 달리 석물들을 화려하게 세우지는 않았다.
생전에 가장 화려했던 그였으나 죽어서는 소박한 무덤에 자리하게 된 것이다.

제5장

무너진
절대군주

제왕의 꿈

말하자면 대간을 없애버린다는 것은 국시를 거스르는 반체제적인 행위라 하겠다.
그러나 연산은 달랐다.

임금과 신하는 하늘과 땅인 격인데 땅이 어찌 하늘에게 이러쿵저러쿵할 수 있단 말인가?

임금은 타고나기를 어진 이와 그렇지 않은 이, 정사에 부지런한 이와 그렇지 않은 이가 있는 법이다.

결국 정치란 신하들이 가르치는 것이 아니고 임금이 마음대로 하는 것이다!

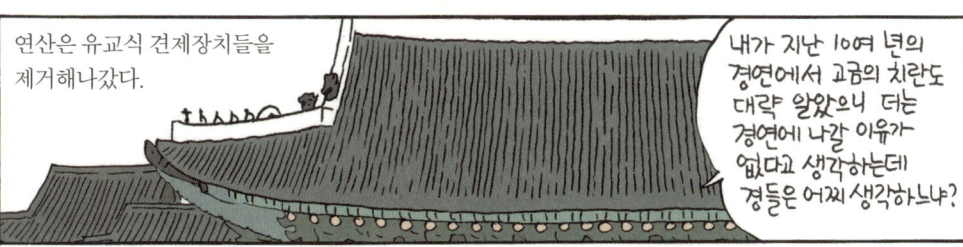

연산은 유교식 견제장치들을 제거해나갔다.

내가 지난 10여 년의 경연에서 고금의 치란도 대략 알았으니 더는 경연에 나갈 이유가 없다고 생각하는데 경들은 어찌 생각하느냐?

성학이 이미 높고 밝으시니 꼭 경연에 나가실 필요는 없사옵니다.

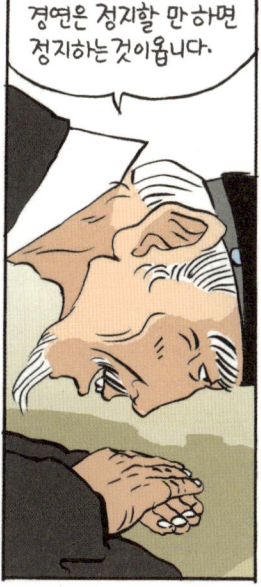
그러하옵니다. 경연은 정지할 만하면 정지하는 것이옵니다.

임금에게 간하는 것을 사명으로 하는 사간원이 폐지되고

이젠 할 일이 없질 않느냐?

사헌부도 축소해 조사들에 대한 감찰기능만 남겨놓았으며

반면에 군신 간의 구별을 분명히 하기 위한 제도는 계속 강화되었다.

조참 시에 백관은 모두 꿇어앉도록 하라.

길을 가다 승명패를 만나면 조관은 말에서 내려 몸을 굽히고 지나가던 이는 엎드리게 하라.

대간이라도 고개를 들어서 말하지 말라.

만일 어기는 자가 있거든 사형에 처하라!

행여나 실수로 처벌을 받게 될까 봐 '승명패가 떴다'는 소리를 들으면 사람들은

허억

삽시간에 자취를 감춰버렸다.

재미없네

내관들이 차던 신언패를 조관들도 차게 했는가 하면

막바지에는 사모의 앞뒤에 '충·성' 자를 새겨넣게도 했다.

이렇듯 임금을 높이고 신하는 낮추는 조치의 백미는 가마꾼 선정에 있었다.

이후론 갑사나 유생 중에서 가마꾼을 선발토록 하라.

*승명패(承命牌): 왕의 명령을 받든다는 표시로 만든 패.

급기야 하급 문신은 물론 대간들에게까지 가마를 메게 한 것.

알겠느냐? 임금과 신하의 분수는 이렇게 다른 것이다.

이렇게 연산은 폭압을 통해 황제적 권력을 구축했다.

그런데 중국의 경우를 보면 연산보다도 더 가혹한 정치를 하고도 후세에 명군으로 평가받는 이들이 있다.

1, 2권에 등장했던 나 홍무제도 명군 소릴 듣지.

그런 황제들의 공통점은 신하들에게는 가혹했지만,

나라를 튼튼히 하고 백성의 생활을 안정시켰다는 점이다.

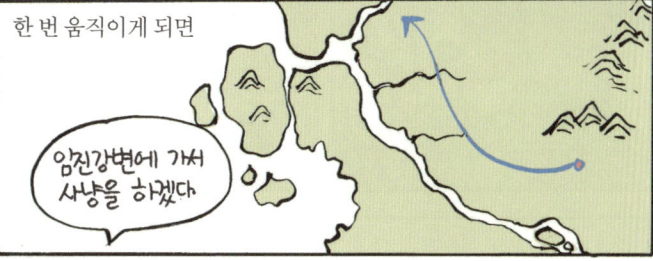

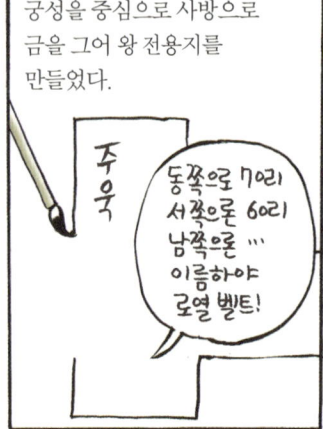

흥청망청

제5장 무너진 절대군주 157

* 오자(五子): 하나라 왕 태강의 다섯 아우.

연산이 가장 관심을 기울인 일은 '잔치를 베풀어 마음껏 태평을 누리는' 것이었다.

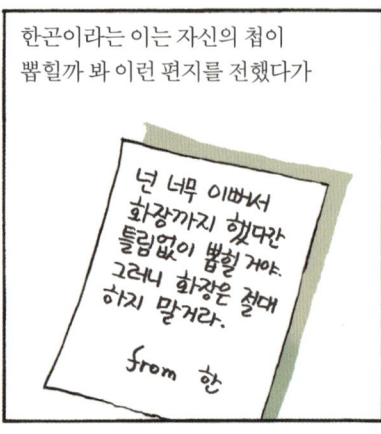
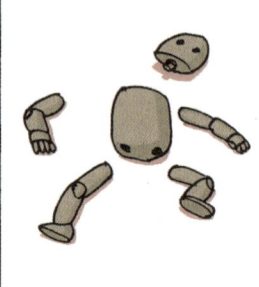

홍청은 다시 왕의 사랑을 받은
천과(天科) 홍청과 그렇지 못한
지과(地科) 홍청으로 나뉘었는데

천과 홍청의 위세는 그야말로 하늘을 찌를 듯했다.

천과 홍청이 사저로 나들이를 할 때면 도승지와 좌승지가 앞에서 인도하고,
선전관과 감찰이 뒤를 따랐다.

지방 수령들은 홍청은 물론 그
가족들에게도 쩔쩔맸다.

이에 홍청의 친인척을 사칭한 각종 사기 사건이
생기기도 했다.

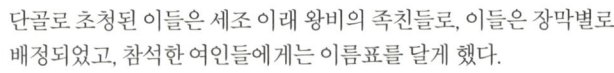

홍청들과 노는 중소형 연회를 위한 무대가 필요했다.

이렇게 하여 공사를 다그치니 이것이 폐위 즈음에 거의 완성을 본 서총대이다.

"창덕궁 후원에다 제2의 경회루를 더 크고 더 럭셔리하게 짓도록 하라."

망원정을 헐고는 2천 명이 앉을 수 있는 초대형 정자도 지었다.

"다 좋은데 앞에 보이는 민가들이 거슬린다. 여기에서 보이는 민가들은 다 철거하라."

연산은 또 후원에다 동물원도 꾸몄다.

"산과 바다 하늘의 각종 동물들을 산 채로 잡아들여라."

제5장 무너진 절대군주 165

구경을 위한 것이 아니라

사냥을 위한 동물원이었다.

호랑이나 곰 같은
맹수들은
우리에 가둔 채로
'사냥'했다.

전무후무한 황제급 왕권은
이렇듯 백성의 생활이
아니고 연산의 즐거움을
위해 쓰였다.

사실 궁중의 피바람도 백성에게는 별 이해관계가 없는 일이었다.

연산의 측근들

오랫동안 장악원 제조를 맡았고, 채홍준체찰사를 겸하면서 정성을 다해(?) 연산의 타락을 도왔다.

오늘 쓸 만한 아이들이 몇 올라왔사옵니다.

그래? 있다가 면접을 볼까?

연산 11년 11월에 죽었는데, 전날 연산이 사람을 보내 유언을 묻자

죽어도 여한이 없사오나 다만 미인을 바치지 못한 것이 한이옵니다.

……라고 했다.

승재!

신수근은 연산의 처남.

그의 누이인 연산의 비 신씨는 후덕하면서도 엄정했던 여인이다.

울면서 연산에게 간한 것이 여러 번이었는데

이러시면 아니 되옵니다.

제5장 무너진 절대군주

연산의 최측근 인물은 바로 장녹수.

집안이 가난하여 여러 번 시집을 갔는데

마지막으로 결혼한 이는 제안대군 집의 가노였다.

그의 아들을 낳은 뒤에야 노래와 춤을 배워 창기가 되었다.

연산을 만났을 때의 그녀를 사관은 이렇게 묘사했다.

비천한 신분에다 이렇듯 내세울 것 없는 그녀가 어떻게 연산의 마음을 사로잡을 수 있었을까?

그녀는 열여섯으로 보였다고 할 만큼 피부가 곱고, 동안이었던 모양.

그리고 견줄 이 없을 정도의 빼어난 교태가 그녀의 무기였다.

붕괴의 조짐들

잔치에 참석했다가 당일에 귀가하지 못한 재상가 부인들이 제법 여럿이었다.

좌의정 박숭질은 늙었으나 그의 처는 젊고 고왔다.

그녀는 열흘 넘게 궐에 머무르기도 했는데

돌아간 뒤에도 날마다 꽃단장을 하고 대궐 쪽만 쳐다봤다나.

아….

나들이하는 길 위에서 교합을 하는 등 연산의 타락은 끝을 몰랐다.

연산이 신경 쓰는 나랏일이라곤 이런 것들뿐.

금표 축성은 계획대로 진행되고 있느냐?

운평은 얼마나 늘었느냐? 노래와 춤 교육은?

흥청으로 승급할 만한 아이는 더 없느냐?

연회 준비는 차질 없이 되고 있겠지?

그 밖의 일들은 알아서 대충대충 해라. 그까이꺼.

그런데 갑자년의 피바람이 잦아들 즈음 처남 신수영의 집에 언문으로 쓴 익명서가 전해졌다.

으잉?

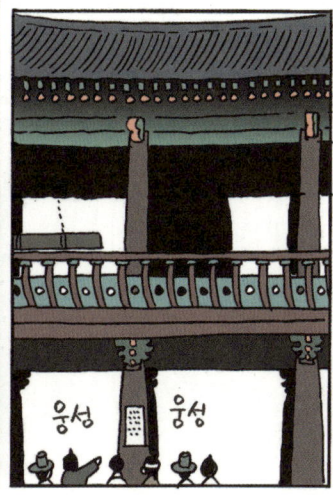

* 형신(刑訊): 고문을 하여 자백을 받는 조사 방법.

이보다 앞서 간언하는 내관 김처선을 죽인 일도 있었다.
다음은 연산 11년 4월 1일자의 기록.

"사람들이 말하기를
왕이 처선에게 술을 권하자
처선이 취해 간하는 말을 하였다.
이에 왕이 노하여 그의 팔다리를 자르고
활을 쏘아 죽였다."

김처선은 오랫동안 왕을 모셔온, 말하자면 연산의 신임이 매우 큰 인물이다.

《일기》의 표현으로 보아 그는 연산에게 팔다리가 잘리면서도 간언을 멈추지 않았던 모양.

반정

박원종은 월산대군 부인 박씨의 동생이다.

늠름한 체구에 무예가 뛰어났으며

행정 능력도 무난했다.

형인 월산대군에게 미안함을 갖고 있던 성종은 형이 후사 없이 죽자 박원종을 마치 형의 피붙이인 양 아꼈고,

연산 또한 박원종을 가까이 두었다.

박원종은 갑자년 이후 연산의 결정에 이견을 제시한 거의 유일한 인물이었다.

제5장 무너진 절대군주

물론 그렇더라도 박원종의 처지에서는 위협을 느낄 수도 있었겠다.

이 일과 더불어 박원종이 거사한 이유를 설명하는 또 한 가지 정황은 그의 누이인 월산대군 부인 박씨와 관련된 풍문이다.

그녀는 반정을 40여 일 앞두고 죽었는데, 사관은 '(연산의) 아이를 잉태하자 부끄러워 약을 먹고 죽었다고 사람들은 말했다'라고 썼다.

또 《중종실록》 박원종 졸기에는 이렇게 쓰여 있다.

그녀에 대한 연산의 예우는 즉위 초부터 지나치리만치 극진했다.

세자 양육도 그녀에게 맡겼다.

그녀와의 관계가 백모-조카 관계가 아닌 남녀 관계였는지는 모르겠으나

《일기》에 실린 '임신, 음독자살'설은 아무래도 아닌 듯싶다. 그녀가 죽기 17일 전 연산은 이런 명을 내렸다.

월산대군 부인의 병이 매우 위중하니 북도절도사(이 직전에 발령난 듯) 박원종에게 머물러 간호케 하라.

죽을 때까지 17일이란 시차도 그렇거니와 박원종을 머물러 있게 한 조처를 보아도 그렇다.

하긴, 그 얘기가 사실이라면 박원종을 밀부러라도 내보냈을 텐데.

어쨌든 이즈음 박원종이 연산과 정국에 대해 깊은 문제의식을 갖게 된 것만은 분명한 사실로 보인다.

박원종의 집 근처에는 전 이조 참판 성희안이 살고 있었다. 학식이 풍부하고 행동이 민첩하며 언변도 뛰어난 사내.

사냥 때 우상대장을 맡았다가 군율을 어겼다 하여 좌천된 이후 2년 가까이 부름이 없었다.

좌천 직후에는 또 연산으로부터 시가 형편없다는 질책까지 받았던 그로선

이것도 시라고?

어려면서 잘난 척은 ;;;

연산 치하에서 별 전망을 찾을 수 없었으리라.

제5장 무너진 절대군주 185

실제 그런 권유가 있었는지는 몰라도 어찌 됐든 거사 개시와 함께 신수근과

그의 형제,

그리고 임사홍은 차질 없이 제거되었다.

훈련원에 집결한 반정 세력은 밤 3경에 박원종 등의 지휘로 창덕궁에 못미쳐 진을 쳤다.

소문을 듣고 문무백관이 모여들기 시작했다.

이 거사가 의로운 것인지가 아니고 성공할 것인가가 판단의 기준이 되었다.

거사의 성공 가능성은 매우 높게 보였다.

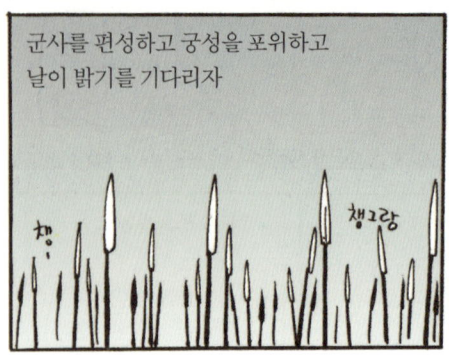

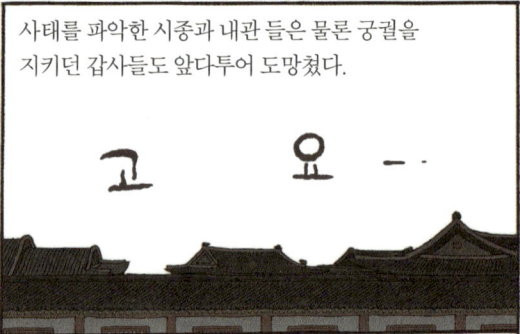

물론 절대군주로 군림하다
강제 폐위되어 고립되었으니
견디지 못해 병을
얻었을 수도 있겠다.

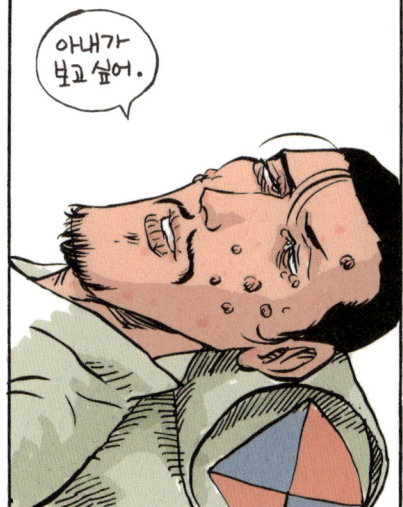

제5장 무너진 절대군주 195

작가 후기

《조선왕조실록》의 '연산군' 편은《연산군실록》이 아니라《연산군일기》가 정식 제목이다. 폐위되어 군으로 강등되었기 때문이다. 세조 집권의 정당성을 강조하고자《단종실록》이 상당한 왜곡을 피할 수 없었듯이,《연산군일기》또한 반정 측의 명분 확보를 위해 많은 왜곡이 가해졌다. 연산의 성격 파탄적인 면이나 기행, 악행, 폭정, 무절제한 향락, 패륜 등이 강조 또는 과장이었다.《연산군일기》는 내용 면에서도 상당히 부실하다. 무엇보다 사료 자체가 너무 부족했기 때문이다. 사관들 가운데 일부만이 사초를 제출했는데, 이들마저도 제출 전에 자신이 기록한 사초를 수정하거나 윤색했다. 무오사화를 겪은 사관들로서는 연산 치하에서 기록에 조심스러웠을 테고, 반정이 있고 난 뒤 그때의 기록을 수정 없이 제출하기란 어려웠으리라. 여기에 사초 제출 거부를 문제 삼지 않은 중종과《일기》편찬 팀의 소극성이 맞물리면서 부실한《연산군일기》가 나온 것이다.

연산군은 조선왕조사에서 전무후무한 시도를 했던 왕이다. 이성계가 사대부 세력과 함께 조선을 건국한 이래로 사대부 세력은 정치권력의 한 축으로 왕실과는 정치의 동반자이자 권력의 경쟁자였다. 강력한 왕권을 추구했던 태종이나 세조도 이 질서를 깨지는 않았다. 그런데 건국이념인 유교 질서가 정착될수록 사대부(특히 벼슬자리에 나아간 사대부들)의 힘은 강화되는 반면 왕실의 힘은 약화되는 군약신강(君弱臣强)의 구도가 자리 잡게 된다. 연산은 그 점이 못마땅했다. 나아가 신하가 왕과 더불어 나라를 다스리는 동반자라는 전제 자체를 받아들일 수 없었다. 대신, 대간, 사대부 모두 하늘 같은 왕 앞에서는 땅 같은

존재로, 단지 심부름꾼일 뿐이라는 것이 그의 신념이었다. 이것은 건국질서에 대한 부정이자 유교 중심의 체제 자체에 대한 부정이었다. 그는 자신의 신념을 피의 공포로 관철하려고 했다. 연일 참극이 이어졌고, 마침내 신하들은 땅보다도 더 낮은 자세로 왕을 우러러보았다. 그렇게 꿈은 이루어졌다고, 진정한 태평성대가 열렸다고 그는 생각했다. 그러나 사상누각이었다. 정치생명을 함께할 굳건한 지지 세력도 없이 폭력에 기대어 쌓아올린 허약한 누각이었다. 그 위에서 그는 그동안 구상해온 갖가지 유희를 즐겼다. 그러다가 불안감을 느끼고 밑을 내려다본 순간 누각은 한순간에 무너져내렸다.

  브레이크가 파열된 채 내리막길을 달리는 자동차처럼 자기 세력도 없이 오직 피바람만으로 절대권력을 향해 질주했던 연산, 그렇게 세운 권력을 자기 향락에만 사용했기에 사후 오늘에 이르기까지 역사의 평가조차 받지 못하는 연산. 무덤도 여느 왕릉과는 달리 초라한 왕자의 무덤이다. 이후로는 연산 같은 왕이 나오지 않았다. 아니, 나올 수가 없었다.

《연산군일기》 연표

1494 연산 즉위년
12.26 대간의 반대에도 수륙재를 행하기로 하다.
12.28 노사신이 수륙재는 조종의 고사라며 반대하는 대간들을 비판하다.
12.29 즉위식을 갖고 사면령을 내리다.

1495 연산 1년
1.1 대간들이 합사하여 노사신을 비판하다.
성균관 생원 조유형 등이 수륙재를 반대하는 글을 올리다.
1.14 성종의 묘호를 의논하다.
1.15 묘호를 성종으로 결정하다.
1.22 조유형 등의 상소를 이유로 157명을 하옥하다.
1.26 조유형 등 21명은 정거 조치하고 정희량, 이목 등은 외방에 부처하다.
3.16 성종의 묘지문을 보고 폐비의 일을 알다.
4.19 《성종실록》의 편찬을 명하다.
6.28 윤탕로를 사면하는 단자를 내리자 대간이 받기를 거부하다.
6.29 단자를 네 번이나 받지 않은 사헌부를 의금부에 회부하고 전원 교체하다. 승지들은 이 조치를 반대했으나 노사신은 찬성하다.
8.15 노사신이 폐비의 추존을 거론하다.

1496 연산 2년
2.4 정문형을 우의정에 제수하다.
2.5 신숙주, 홍응, 정창손을 성종의 배향공신으로 삼다.
3.29 대간이 정문형의 우의정 기용에 계속 반대하자 다시 대신들을 불러 의논했는데, 대신들이 대간을 의식한 발언을 하다.

윤3.3 정문형의 우의정 기용을 취하하다.
윤3.13 내시를 보내 폐비의 묘를 살펴보게 했는데 일부가 무너졌다는 보고를 받고 천장을 거론하다.
윤3.14 성종의 3년상이 끝난 후 천장하기로 하다.
5.13 암수 말을 내정에 끌어들여 교접하는 것을 구경하다.
6.5 표연말 등이 연산의 천장, 추존 계획을 반대하며 성종의 유교를 따를 것을 간하다.
7.9~7.19 대간이 11일 동안 매일 합사하여 성종의 유교를 따를 것을 간했으나 들어주지 않자 전원 사직하다. 이후 복직과 사직이 반복되다.
12.24 대상제를 치르고 길복으로 갈아입다.

1497 연산 3년
1.4 인가가 후원을 내려다본다며 도총부에서 화약고까지 담을 높이 쌓게 하다.
1.11 이세좌와 윤효손을 천묘도감 제조로 삼다.
2.10 성종과 공혜왕후를 부묘하다.
3.16 대상 후 공신의 적장자에게 일괄적으로 가자한 것을 가지고 대간이 문제 제기를 계속했는데 이후 이 문제를 가지고 사직과 복직이 반복되다.
4.9 폐비 윤씨의 사당을 '효사'로, 묘는 '회묘'라 이름 짓다.
5.18 궁궐 담 100자 안의 민가를 철거하게 하다.
5.21 공신의 적장자에게 가자한 문제가 결국 임사홍의 일로 좁혀지다.
6.28 임사홍에게 더한 가자를 회수하기로 하다.
8.29 죄인을 신중히 다루라고 전교하다.

12.9 승정원에 전교하여 윤기견(폐비의 아비, 즉 연산의 외조부)과 신씨(연산의 외조모) 내외의 족친을 조사하여 성명을 모두 기록해 보고토록 명하다.
12.18 밤에 원자가 탄생하여 각급 신료들에게 상을 내리고 대사면령을 내리다.

1498 연산 4년
(연산 4년 1월~6월의 기록은 매우 부실하다.)
7.11 김일손의 사초를 모두 들여오게 하자 이극돈이 반대하며 요약해 올리겠다고 하다.
7.12 김일손을 압송해와서 국문이 시작되다. 김일손 압송 과정에 이극돈의 일(자신에게 불리한 기사를 삭제해달라고 했던)을 거론하다.
7.15 유자광이 '조의제문'을 풀이하여 올리다.
7.17 김종직의 극형을 주장하지 않는 이들을 현장에서 구금케 하다.
7.23 김종직의 책을 불사르게 하다.
7.26 김종직 등의 죄목을 의논하여 결정하고 김일손 등을 벨 때 백관이 가보게 하다.
7.27 김종직을 부관참시하고 김일손, 권경유를 능지처사하는 등 형을 집행하고 윤필상, 한치형, 노사신, 유자광 등에게 논공행상을 하다.
8.3 죄를 받은 자의 집 가운데 좋은 집을 골라 신수근과 구수영의 어미(연산의 외조모 신씨)에게 주도록 하다.
8.10 윤필상과 유자광이 사마소를 비판하다.
8.16 유자광이 남효온의 시를 근거로 안응세, 홍유손 등을 김종직의 일파라며 국문하기를 청하다.
9.6 노사신이 졸하다.

9.25 승정원의 역할을 제한하다.
(단지 왕명을 출납하는 기관일 뿐이라며
함부로 의견을 내지 말도록 하다.)
11.30 유생들이 '걸주의 세상'
운운하는 발언을 했다가 발각되다.
12.23 인혜대비(예종의 비)가 훙하다.
12.28 정성의 지극 여부는 상례의 길고
짧음에 관계되지 않는다며 기년역월제를
채택하여 상례 기간을 줄이다.

1499 연산 5년
1. 2 인혜대비의 시호를 안순으로 정하다.
1.10 유자광이 함경도에 갔을 때
사사로이 생 전복과 굴을 채취하여
헌상한 일이 문제 되다.
2.23 대간들의 탄핵으로 인해 유자광을
도총관, 특진관에서 해임하다.
3.10 《성종실록》을 완성하다.
3.27 한치형, 성준 등 대신들이 글을 올려
학문, 언론, 상벌 등의 문제를 거론하다.
대간들의 논박을 물리치고 국장(인혜대비
장례)에 공이 있는 임사홍에게 가자하다.
5. 9 야인 50여 기가 침범하여 노략질을
행하자 정벌키로 결정하다.
9. 4 공조가 임금의 안장 위에 덮는 헝겊을
금박으로 그리자 너무 사치스럽다며
이후에는 자황으로 빛깔만 내도록 하다.
10.30 문신들에게 풍속의 미, 악을 주제로
책문을 짓게 하자 너나없이 아래가 위를
능멸하는 풍속이 문제라는 내용으로 짓다.
12.25 도화서에 명해 앵무새 10여 마리를
정교하게 그려 들이도록 하다.
한치형, 성준 등이 서쪽에 길을 내어 야인들을
안심시킨 뒤 서정할 것을 건의하다.
12.31 윤필상, 성준 등이 문안하니
절구를 써서 보이다.

1500 연산 6년
1.22 서정을 멈추기로 하다.
3. 8 백청밀 40말을 들이게 하다.
3.11 돌고래 등을 산 채로 잡아
두 마리씩 들이게 하다.
3.25 5냥짜리 초 200자루를 들이게 하다.
3.26 의정부에서 왕의 절약을 권하다.
4.19 절에 들어가 불상을 땅에 내동댕이쳐
부숴버린 6명의 유생에게 장 100대씩
치게 하다.
8.19 임숭재가 상소하여 아비 임사홍의
억울함을 하소연하다.
9.26 폐비 윤씨의 형제를 특별히 승진시키다.
10.22 삼정승(한치형, 이극균, 성준)이
홍길동을 체포한 일을 축하드리다.

1501 연산 7년
5. 6 영의정 한치형 등이 토목역사의 축소 및
사냥개를 키우는 문제를 거론하다.
8.14 유자광을 겸 오위도총관에 복귀시키다.
9.23 강귀서, 이수공, 정승조 등 무오사화에
연루되어 유배된 이들을 풀어주다.

1502 연산 8년
2. 5 폐비 때 죽음으로써 간하는 것이
옳았겠는지, 목숨을 아껴 순종함이
옳았겠는지를 묻다.
조회 때 사냥개들이 내정을 뛰어다니다.
2.11 궁궐 뒷산에 올라 바라본 여종
세 명과 그 주인까지 다스리게 하다.
3.10 사간원에서 여덟 가지 시정에 관한
상소를 올리다.
6.21 박원종을 강원도 관찰사에 제수하자
대간들이 반대하다.
8.12 도첩이 없는 젊은 중들의 부모까지
벌하자는 주장에 중도 사람이라며 반대하다.
9.13 오늘부터 숙원 한 사람에게
공상할 물건을 준비하라고 명하다.
(장녹수에 대한 첫 기록.)
9.15 왕세자를 책봉하고 대사면령을 내리다.
10.21 초동 5, 6명이 남산 마루에 올라
궁궐을 바라보니 왕이 붙잡게 하여
수십 명이 연행되어 고초를 겪다.
11.27 흉년이니 환과고독 등 의지할 데 없는
사람을 먼저 진휼하도록 하다.
11.29 왕이 승정원, 홍문관에 명해 시를
지어 바치게 했는데, 정인인이 시 두 편에
서문까지 지어 바치자 남과 다른 사람을
미워한다며 국문케 하다.

1503 연산 9년
1.21 임사홍을 서용케 하다.
2.12 대궐 안 동산에 심겠다며 기이한
꽃과 풀을 가져오게 하다.
2.19 대간이 시정 개혁 관련 10조목을
상소하다.
8.29 사관이 '왕이 이때까지는 혼암패려하지
않았는데 성준 등 대신들이 아첨하며 임금의
악을 길렀다'라고 평하다.
9.11 인정전 양로연에서 이세좌가 술을 쏟아
왕의 옷을 적시다.
9.19 이세좌를 외방에 부처하다.
11. 9 경복궁이 내려다보이는 절과 암자
11곳을 철거하고 입산 통제를 맡는
경수소를 설치하다.
11.13 장녹수의 형부인 김효손을
전향별감에 제수하다.
11.20 대신들과 격의 없는 술자리를 갖다.
이튿날 감사드리러 찾아왔던
이극균과 성준이 감격의 눈물을 흘리다.
12.24 숙원 장씨를 숙용에 봉하다.

1504 연산 10년

1.11 이세좌를 석방하다.
1.26 임숭재를 장악원 제조로 삼다.
2.18 큰 진주 500개를 들이게 하다.
2.23 큰 진주 3,000개를 들이게 하다.
3. 3 이세좌가 와서 사은하다.
3. 6 장녹수의 집 인근의 민가를 헐어 집을 넓게 하고 무명 500필을 내려주다.
3.11 경기관찰사 홍귀달이 손녀를 입궐시키지 않은 이유를 변명했는데 불똥이 이세좌에게로 튀어 다시 유배되다.
3.12 이세좌의 방면에 대해 말하지 않은 대간들을 하옥하다.
3.13 위를 능멸하는 풍속을 고치지 않을 수 없다며 통렬한 개혁 의지를 드러내다. 내관들에게 신언패를 차도록 하다.
3.14 이세좌의 죄를 간하지 않은 자, 이세좌가 돌아왔을 때 방문한 자 등을 국문케 하다.
3.16 이세좌를 도로 불러 장을 때리다.
3.20 이세좌의 아우, 아들, 사위들을 장을 때려 유배하다. 성종의 후궁인 엄씨와 정씨를 때려 죽이고 인수대비전에 들어가 행패를 부리다.
3.23 회묘를 능으로 추숭할 것을 제기하다.
3.24 폐비 때 의논에 참여한 재상과 궐 밖으로 쫓겨날 때 시위한 재상 및 사약을 내릴 때 참여한 재상들을 상고해 아뢰도록 하다.
3.25 폐비 윤씨를 제헌왕후로 추숭하다.
3.28 좌의정 이극균을 이세좌의 일로 국문케 하다.
3.30 이세좌에게 사약을 내리다.
4. 1 성종의 후궁인 엄씨와 정씨의 아비들을 참하다.
4. 9 이세좌의 의연한 죽음에 대한 보고를 받고 짜증을 내다.
4.11 한치형의 지난 태도를 문제 삼다.
4.27 인수대비가 흥하다.
윤 4. 2 인수대비의 시호를 '소혜'로 하다.
윤 4.12 이극균에게 사약을 내리다.
윤 4.13 성종의 상을 당해 3년간 심상한 죄로 정성근을 국문하다. 윤필상에게 사약을 내리다.
윤 4.15 정성근을 참하다.
윤 4.16 조지서를 참하고 효수하다.
윤 4.17 조지서가 죽을 때 원망의 말을 했다며 능지하여 시체를 8도에 조리돌리게 하다.
윤 4.18 이극균이 죽으면서 자신은 죄가 없다는 말을 하다.
윤 4.19 윤필상의 최후에 대한 기록.
윤 4.21 이극균, 윤필상, 이세좌를 능지하여 사방으로 돌리게 하다. 아울러 정창손, 심회, 한명회를 부관참시하도록 하다. 김감의 아내인 채씨가 자신의 아비인 채수는 폐비의 일을 극력 간했다며 호소하자 감하여 태 50대만 치게 하다.
윤 4.22 이극균의 집에 명함을 들인 자는 모두 장을 때려 파직하게 하다.
윤 4.28 유자광, 임사홍도 이극균과 사귀었다는 죄목으로 경기도에 충군케 했다가 다음 날 과보다 공이 크다며 용서하다.
윤 4.29 어세겸, 곽종원, 김제신의 부관참시를 명하다.
5. 3 성준을 끌고 와 국문하고 한치형을 부관능지하게 하다.
5. 4 성준을 효수하고 한치형 등이 올린 10조를 불태우다.
5. 7 어지러운 나라를 다스리려면 중한 법을 써야 한다고 말하다.
5.10 이극돈, 이극감, 이극증, 이극배의 재산을 몰수하다. 풍속이 잡힐 때까지 모든 범죄인을 엄하게 고문하고 용서하지 말게 하다.
5.11 한명회의 해골을 효수하다.
5.13 이세좌의 아들들을 효수하다.
5.15 이극균, 윤필상, 이세좌의 동성 8촌과 이성 4촌까지 모두 유배하고, 그들이 세운 법을 삭제토록 하다.
5.17 대신과 대간이 서로 탄핵하게 하다.
5.18 성균관과 사학의 유생들이 모여 정사를 의논하지 못하게 하다.
5.22 성준과 한치형에게 만나기를 청한 사람들을 모두 가두어 고문토록 하다.
5.23 정사란 신하가 가르치는 것이 아니고 임금이 마음대로 하는 것이라고 말하다.
5.24 죄인을 벌할 때 옆에서 슬퍼하고 탄식하는 것을 금하는 법을 세우다.
5.25 이덕숭, 정인인을 참하다.
6. 1 홍문관에 있을 때 상소해 간했던 이승건, 홍한을 부관참시하고 홍식, 홍한을 효수하다.
6. 3 죄인이 자결하지 못하도록 손발을 묶게 하다.
6. 8 이덕숭을 능지하다.
6.16 홍귀달을 교형에 처하다.
6.20 이극균, 윤필상, 이세좌 등의 집을 연못으로 만들고 돌을 세워 죄명을 기록하게 하다.
7. 7 관사 노비들의 옷이 남루해지지 않게 하도록 명하다. 기녀의 복장을 점검하여 더러우면 처벌하다.
7. 9 길에서 승명패를 만나면 모든 벼슬아치는 말에서 내려 몸을 굽히고, 걸어가던 이들도 엎드리게 하다.

7.10 성균관을 원각사로 옮기다.
7.13 임금의 행차 때 큰길의 사람 통행을 금하다.
7.19 연산을 비방하는 언문으로 된 익명서가 나타나자 언문금지령을 내리다.
9. 6 큰 진주 3만 개를 사들이게 하다.
9.26 무오사화에서 살아남은 자들을 모두 잡아오게 한 뒤 능지하다.
10. 1 폐비 윤씨의 신주와 사당을 세울 때 반대한 자들을 모두 국문케 하다.
10. 3 금표를 세우게 하고 침범한 자를 벌하도록 하다.
10. 7 김굉필을 저자에 효수하다.
10.17 내수사 노비들을 금표 안에 살게 하다.
10.24 허반을 부관능지하고 표연말을 부관참시하다.
10.28 임희재를 능지하다.
11. 9 금표의 규모에 대한 기록.
11.11 산과 바다의 기이한 동물과 새들을 잡아들이게 하다.
이극균 등의 아비 및 형제들도 부관참시하다.
궁중의 일을 누설한 종친의 첩을 참하여 효수하다.
11.18 죄를 지은 자의 자제 중에 익명서를 쓴 자가 있을지 모른다며 빠짐없이 잡아다 국문하게 하다.
11.23 율시로 과거를 대체하다.
12.10 언문으로 역서를 번역하게 하다.
12.15 이극균 등의 시체를 파내어 해골을 분쇄하여 바람에 날리다.
12.17 이조 참판 성희안을 좌천시키다.
12.20 의금부 낭청을 각도에 보내 관찰사와 함께 죄인들의 해골을 가루로 만들어 봉지에 담아 가져오게 하다.
12.22 악명을 홍청, 운평, 광희라 하게 하다.

12.24 대간일지라도 임금 앞에서 머리를 들지 못하게 하다.
12.27 홍문관을 폐지하다.

1505 연산 11년

1.13 사간원 정언과 사헌부 지평을 없애다.
1.29 조관들도 신언패를 차게 하다.
2.18 경연을 폐지하다.
4. 1 술자리에서 간언을 한 김처선의 팔과 다리를 베고 활로 쏘아 죽이다.
4. 9 철쭉, 치자 등을 바치게 하다.
4.10 스라소니, 승냥이, 담비 등을 잡아 들이게 하다.
4.12 잔치를 열어 조관들의 아내를 참석하게 한 뒤 마음에 드는 이를 남게 하여 간음하는 왕에 대한 묘사.
4.14 연회 때 각 장막마다 어느 왕후의 족친인지 표를 세우게 하다.
4.20 소의 태 등을 즐겨 먹는 연산의 식성에 대한 묘사.
4.25 장원서 관원들이 후원을 가꿀 나무를 찾아 민가를 뒤지는 풍경에 대한 묘사.
5. 7 후원에 신대를 경회루와 같이 지으라고 명하다.
5.24 첩 채란선에게 운평이 뿜히지 않도록 화장을 하지 말 것을 권한 죄로 한곤을 능지하다.
5.28 숭례문에서 망원정까지 말 열 마리가 나란히 달릴 수 있게 도로를 정비하고 좌우에 표를 세우게 하다.
5.29 경기관찰사가 경기도 땅이 반 넘게 금표 안에 들어갔다며 충청도 일부를 떼어 경기에 붙여달라고 청하다.
6. 3 각 도에 사람을 보내 좋은 말을 찾게 하고 양계의 감사에게 호마를 사들이게 하다.

6. 7 중궁의 어진 덕을 널리 알리게 하다.
6. 9 운평을 뽑을 때 얼굴이 추하면 시름을 일으킨다며 용모를 중시하다.
6.13 조정이 광채가 난다며 비단옷을 권장하다.
6.20 홍청 및 그 가족에 대한 혜택 묘사.
6.28 미녀와 좋은 말을 숨기는 자는 중죄에 처하게 하다.
익명서를 넣은 것으로 의심되는 자들을 고문하고 이세좌, 이극균 등의 자손을 모두 죽이게 하다.
6.29 충청도 평택, 직산, 진천, 아산을 경기도에 붙이다.
7. 8 악기들은 모두 순금과 침향으로 장식하게 하다.
7. 9 중궁의 덕은 금정에 새길 만하다며 황금 1천 냥을 써서 만들게 하자 금이 바닥나 장사꾼의 금을 뒤져서 사용하다.
7.20 흙집을 쌓아 시금치 등의 채소를 겨울에도 기르게 하다.
7.29 반듯했던 왕세자에 대한 묘사.
8. 2 선비나 서인의 옷소매도 넓게 만들도록 허용하다.
8.12 홍청의 호화로운 사저 나들이에 대한 묘사.
8.25 좌의정 박숭질의 아내 정씨가 궁에 들어가 열흘이 지나 나오기도 한 일을 기록.
9.30 장악원을 연방원으로 고쳐 부르다.
10.10 태평하니 태평을 누리는 게 옳지 않은가라고 말하다.
10.15 여느 부부와 다름없었던 연산과 장녹수에 대한 묘사.
11. 1 임숭재가 졸하다.
11. 3 강혼을 연방원 제조로 삼다.
11.18 궁궐 근처의 인가 수만 호를 헐다.
11.23 동서반의 조사들은 모두 흉배를

달도록 하다.

1506 연산 12년

1. 2 처용무를 잘 추는 왕에 대한 묘사.
1.19 익명서의 범인을 끝내 잡지 못하자 의심나는 자들을 먼 지방에 유배케 하다.
1.21 백관이 조참 때 꿇어앉게 하다.
1.28 종루에 다시 익명서가 붙다.
2. 1 정세명의 딸을 왕세자빈으로 삼다.
2. 9 경기관찰사 박원종이 금표에 대해 이의를 제기하자 이를 받아들이다.
2.10 재정 부족으로 동서반의 불필요한 관원을 없애도록 하다.
2.26 사냥을 준비하던 박원종이 명나라 사신의 도착이 박두했다고 고하며 어찌 할지를 묻자 연산이 화를 내다.
2.30 가마를 멜 이로 문신, 대간, 유생을 준비케 하다.
4. 1 흥청이나 운평 중에서 화장하지 않은 자는 유배하고 부모도 죄를 주라고 명하다.
4. 8 만세산을 만들고 수백 명이 탈 수 있는 황룡주를 만들어 만세산을 왔다갔다하며 놀다.
4.25 사간원을 혁파하다.
5.23 전국의 황새를 멸종시키도록 명하다.
5.25 조관의 사모에 '忠(충), 誠(성)' 자를 앞뒤로 새기게 하다.
7. 7 궁녀 1천 명을 거느리고 나들이하다가 길가에서 간음하다.
8. 2 망원정을 헐고 초가로 다시 짓고는 정자에서 보이는 민가들을 모두 철거케 하다.
8.15 폐비 윤씨의 기일이지만 후원에서 나인들과 종일 희롱하고 놀며 여럿이 보는 데서 교합을 하기도 하다.
8.17 이장곤이 도망쳤다는 보고가 올라오다.
9. 2 반정이 일어나고 연산이 폐위되다.

조선과 세계

조선사

1494	연산군 즉위
1495	성종의 묘호 의논
1496	대간의 사직과 복직이 반복
1497	서얼에게 의과 응시 허용
1498	무오사화
1499	《성종실록》 완성
1500	홍길동 체포
1501	퇴계 이황 출생
1502	경상도에 대홍수로 인가 400여 호 침수
1503	도성 내외의 사망 및 출생 인구 조사
1504	갑자사화
1505	관리들에게 신언패를 차게 함
1506	중종반정

세계사

명, 나관중 《삼국지연의》 간행
프랑스, 샤를 8세, 나폴리 침공
신성로마제국, 펠리페 1세와 에스파냐 왕녀 후아나 결혼
영국, 존 캐벗이 캐나다 발견
포르투갈, 바스쿠 다가마, 인도 항로 발견
스위스, 신성로마제국에서 독립
티무르 제국 멸망
프랑스, 나폴리왕국 점령
페르시아, 사파비 왕조 성립
에스파냐, 서인도제도 식민지 통치 실시
바부르, 카불과 간다라 점령
명, 홍치제 사망, 정덕제 즉위
이탈리아, 레오나르도 다 빈치 〈모나리자〉 완성

The Veritable Records of the Joseon Dynasty

In the Joseon Dynasty, there were always officials who followed and monitored the king. They slept in the room adjacent to where the king slept, and they attended every meeting the king held. The king could not go hunting or meet a person secretly without these officials being present.

These officials were called 'Sagwan,' and they observed and recorded all details of daily events involving the king in turns, things that the king said, and things that happened to him. The drafts created by them were called 'Sacho.' Even the king himself was not allowed to read those drafts, and the compilation process only began after the king's death.

When the king passed away, the highest ranking governmental official would be appointed as the chief historical compiler. A research team would collect all the drafts and relevant supporting materials, select important records with historical significance, and organize them in a chronological order. The finished product was usually called 'Sillok,' which means veritable records.

The Veritable Records of the Joseon Dynasty features a most magnificent scale, as it is a record of all the events that occurred over 472 years, from the reign of King Taejo to the reign of the 25th King Cheoljong (1392~1863). It consists of 1,893 volumes and 888 books (total of 64 million Chinese characters). It was registered as a World Cultural Heritage in Records, by UNESCO in 1997.

Source: A Korean History for International Readers, Humanist, 2010.

Summary

The Daily Records of Yeonsangun

The Dangerous Pursuit of Absolute Power

Unlike his father Seongjong—an exemplary monarch who strictly abided by Confucian principles—Yeonsangun sought to increase royal authority. However, the government and its high officials were dominated by censor power. This resulted in recurring conflicts between Yeonsangun and censor officials in the beginning of Yeonsangun's reign. Yeonsangun maintained the balance of power by being adamant towards the opinions of the censors and respectful of the opinions of his high officials. However, during the Purge of 1498 (Muo Sahwa), he managed to subdue the censor power which had opposed him, with supporting the conservative literati Yu Jagwang and then placing the blame for the purge on the Confucian literati (Sarim), thus simultaneously eliminating the Confucian restraint system, weakening the authority of the officials and strengthening royal authority.

However, Yeonsangun's desire towards absolute power led to an even more devastating purge, an event known as the Massive Second Purge of 1504 (Gapja Sahwa). Holding Seongjong's concubines, high officials and censors accountable for the death of his mother, deposed Queen Lady Yun, Yeonsangun began his campaign of tyranny. Yeonsangun, both tyrannical and immoral, fueled his dream of absolute power with blood and terror.

Yeonsangun exercised royal authority consolidated through repression not for the livelihoods of the people but for his own pleasure. The king hosted hunting parties and banquets everyday, and dispatched government representatives tasked with bringing female entertainers (gisaeng) to the palace. Furthermore, he sexually harassed the wives of the literati and committed many other licentious outrages. At first the cost was covered by money confiscated during the purges, but the financial burden was soon passed on to the people. During this time, Yeonsangun demolished houses near the palace, renovated farmland into hunting grounds, and destroyed tombs to build venues for his entertainment. In the meantime, with public unrest growing, high officials and members of the Confucian literati began to express discontent towards Yeonsangun, culminating in Park Wonjong, Seong Huian and You Sunjeong rebelling against Yeonsangun and crowning Jungjong in his place. This episode is known as the Jungjong Restoration. Yeonsangun passed away only two months after he was dethroned.

세계기록유산, 《조선왕조실록》

《조선왕조실록》이란?

　《조선왕조실록》은 국보 제151호이자 유네스코 세계기록유산(1997년 지정)으로 조선 건국에서부터 철종까지 472년간을 편년체로 서술한 역사 기록물이다. 총 1,893권, 888책이며, 한글로 번역할 경우 300여 쪽의 단행본 400권을 훌쩍 넘는 분량이다. 철종 이후의 기록인 《고종실록》과 《순종실록》도 있으나 이것은 일본의 지배하에 편찬된 터라 통상 《조선왕조실록》으로 분류하지 않는다. 《단종실록》, 《연산군일기》, 《선조실록》, 《철종실록》처럼 기록이 부실한 경우도 있는데 정변이나 전쟁, 세도정치라는 시대 상황이 낳은 결과이다. 또한 《선조수정실록》, 《현종개수실록》, 《숙종실록보궐정오》, 《경종수정실록》처럼 뒷날에 집권한 당파의 요구에 의해 새로 편찬된 경우도 있다. 하지만 원본인 《선조실록》, 《현종실록》, 《숙종실록》, 《경종실록》을 폐기하지 않고 함께 보존함으로써 당대를 더욱 정확히 알게 해준다. 이렇듯 《조선왕조실록》은 그 기록의 풍부함과 엄정함에 더해 놀라운 기록 보존 정신까지 보여주는 우리 선조들의 위대한 유산이다.

《조선왕조실록》은 어떻게 기록되었나?

　조선은 왕이 사관이 없는 자리에서 관리를 만나는 것을 엄격히 금지했다. 또한 왕은 원칙적으로 사관의 기록(사초)을 볼 수 없었다. 신하들도 마찬가지여서 실록청 담당관을 제외하고는 누구도 볼 수 없었다. 그래서 사관들은 왕이나 권력자의 눈치를 보지 않고 보고 들은 일들을 있는 그대로 기록할 수 있었다. 왕이 죽으면 실록청이 만들어지고 모든 사관의 사초가 제출된다. 여기에 여타 관청의 기록까지 참조하여 실록이 편찬된다. 해당 실록이 완성되고 나면 사초는 모두 물에 씻겨졌다(세초). 이렇게 만들어진 실록은 여러 곳의 사고에 나누어 보관되는데, 이 또한 후대 왕은 물론 신하들도 열람할 수 없도록 했다. 선대의 왕들에 대한 기록이나 평가로 인해 필화 사건이 생기지 않도록 한 것이다. 이 같은 원칙들이 철저히 지켜졌기에 《조선왕조실록》이 오늘날까지 존재할 수 있었다.

도움을 받은 책들

《국역 조선왕조실록 CD-ROM》, 서울시스템주식회사, 1995.
강재언,《선비의 나라 한국 유학 2천 년》, 한길사, 2003.
고려대 민족문화연구원 한국사상연구소 편,《자료와 해설 한국의 철학사상》, 예문서원, 2002.
김경수,《'언론'이 조선왕조 500년을 일구었다》, 가람기획, 2000.
김문식·김정호,《조선의 왕세자 교육》, 김영사, 2003.
박영규,《조선의 왕실과 외척》, 김영사, 2003.
박영규,《한 권으로 읽는 조선왕조실록》, 들녘, 1996.
신동준,《연산군을 위한 변명》, 지식산업사, 2004.
신명호,《조선의 왕》, 가람기획, 1998.
윤정란,《조선의 왕비》, 차림, 1999.
이덕일,《사화로 보는 조선 역사》, 석필, 1998.
이덕일,《살아있는 한국사》2, 휴머니스트, 2003.
이성무,《조선왕조사》1, 동방미디어, 1998.
이이화,《이야기 인물 한국사》5, 한길사, 1993.
이이화,《이이화의 한국사 이야기》9, 한길사, 2000.
임용한,《조선 국왕 이야기》, 혜안, 1998.
장영훈,《왕릉풍수와 조선의 역사》, 대원미디어, 2000.
최범서,《야사로 보는 조선의 역사》1, 가람기획, 2003.
하일식,《연표와 사진으로 보는 한국사》, 일빛, 2000.
한국고문서학회,《조선시대 생활사》, 역사비평사, 1996.
한국생활사박물관 편찬위원회,《한국생활사박물관》9, 사계절, 2003.

박시백의 조선왕조실록 7 연산군일기

1판 1쇄 발행일 2005년 12월 12일
2판 1쇄 발행일 2015년 6월 22일
3판 1쇄 발행일 2021년 3월 15일
4판 1쇄 발행일 2024년 6월 24일

지은이 박시백

발행인 김학원
발행처 (주)휴머니스트출판그룹
출판등록 제313-2007-000007호(2007년 1월 5일)
주소 (03991) 서울시 마포구 동교로23길 76(연남동)
전화 02-335-4422 **팩스** 02-334-3427
저자·독자 서비스 humanist@humanistbooks.com
홈페이지 www.humanistbooks.com
유튜브 youtube.com/user/humanistma **포스트** post.naver.com/hmcv
페이스북 facebook.com/hmcv2001 **인스타그램** @humanist_insta

편집주간 황서현 **편집** 최인영 박나영 강창훈 김선경 이영란 **디자인** 김태형 **사진** 권태균 **영문 초록** 윤권교
번역 감수 김동택 David Elkins **조판** 프린웍스 **용지** 화인페이퍼 **인쇄** 삼조인쇄 **제본** 해피문화사

ⓒ 박시백, 2024

ISBN 979-11-7087-169-9 07910
ISBN 979-11-7087-162-0 07910 (세트)

- 이 책은 저작권법에 따라 보호받는 저작물이므로 무단 전재와 무단 복제를 금합니다.
- 이 책의 전부 또는 일부를 이용하려면 반드시 저자와 (주)휴머니스트출판그룹의 동의를 받아야 합니다.

조선왕조실록 연표
연산군

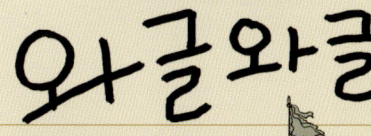

- 연산군 즉위
- 폐비 윤씨의 묘 이장
  폐비 윤씨의 사당을 '효사', 묘를 '회묘'라 이름 지음
- 무오사화
  김종직 부관참시, 김일손과 권경유 능지처사
- 조회 때 사냥개들이 내정을 뛰어다님
- 이세좌의 수난
- 갑자사화
- 중종반정
  연산군 폐위

| 1494 (연산 즉위년) | 1495 (연산 1) | 1497 (연산 3) | 1498 (연산 4) | 1502 (연산 8) | 1503 (연산 9) | 1504 (연산 10) | 1505 (연산 11) | 1506 (연산 12) |

- 대간들의 노사신 비판
- 궁궐 주변 민가 철거
  궁궐 담 100자 안 민가의 철거를 명함
- 노사신 사망
- 장녹수를 숙원으로 봉함
- 숙의 엄씨와 소용 정씨를 때려죽임
- 경연 폐지

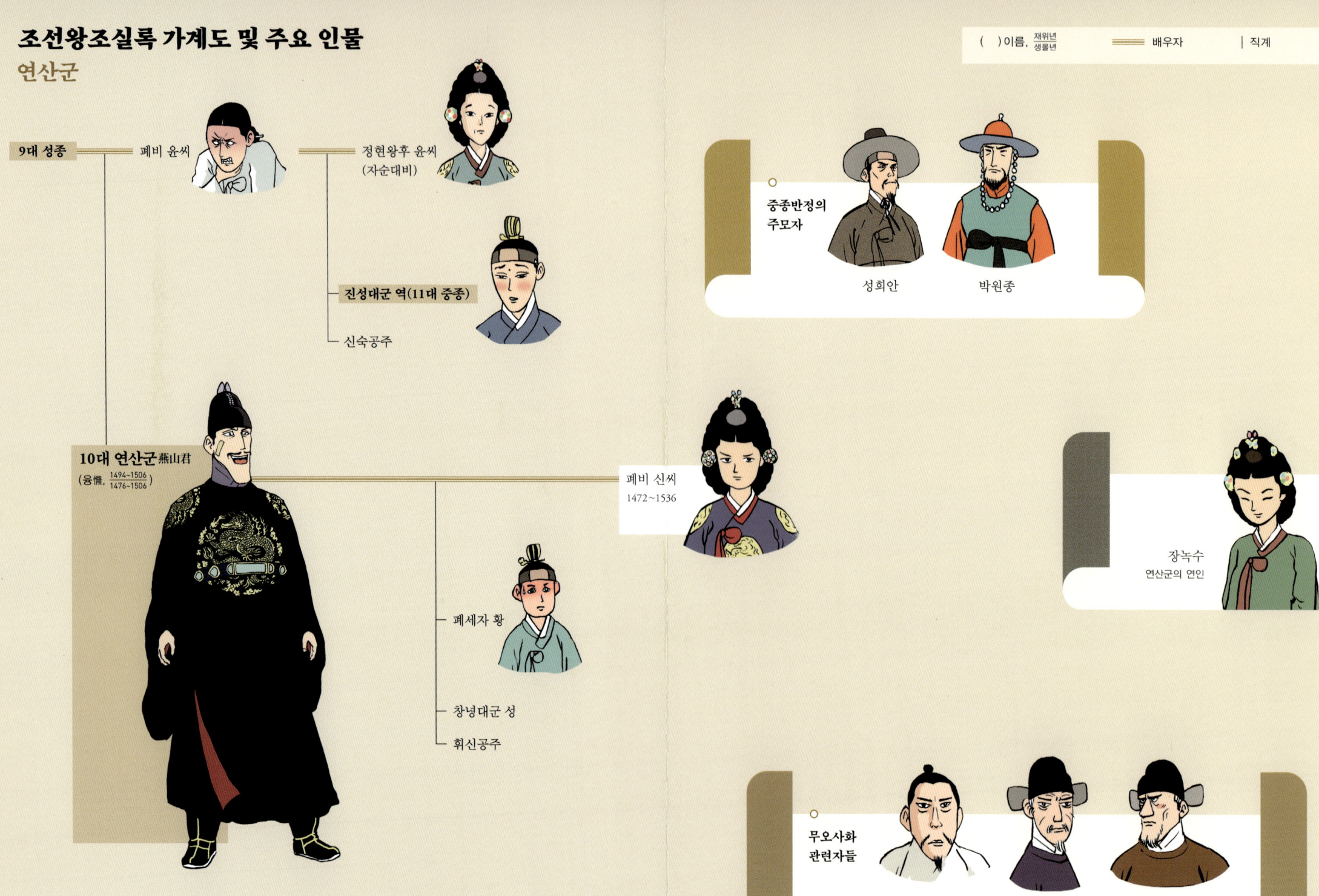